Título: El pequeño libro del universo abstracto. ¿Tú que ves?
Colección Universo Abstracto Nª1

Autora: Marian Muñoz

Textos: Marian Muñoz
Diseño de portada: Marian Muñoz
Diseño Editorial: Marian Muñoz
Maquetación Editorial: Estudio Branding Esencial
Diagramación: Marian Muñoz
Edición y redacción: Marian Muñoz

©Mariángeles Muñoz, 2019
brandingesencial@gmail.com
Primera Edición
Madrid – España 2019

website: www.brandingesencial.com/

Edición especial para Amazon.com
ISBN: 9781792609497

Reservados todos los derechos. No se permite la reproducción total o parcial de esta obra, ni su incorporación a un sistema informático, ni su transmisión en cualquier forma o por cualquier medio (electrónico, mecánico, copia, grabación u otros) sin su autorización previa y por escrito de los titulares del copyright Marian Muñoz.

El pequeño libro del
UNIVERSO ABSTRACTO

El pequeño libro del UNIVERSO ABSTRACTO

MARIAN MUÑOZ

editorial Amazon

Prólogo

Querido lector y lectora, me enorgullece que mi libro esté entre tus manos, recobrando sentido a través de tu mirada.

Este libro se lee con los ojos, pero solo puede entenderse con la química entre cerebro y corazón.

Tienes entre tus manos una experiencia visual, un periplo al interior de la compleja construcción visual que nos regala la mente.

En este libro encontrarás alimento para la imaginación. Un entretenido descubrimiento sobre cómo podemos ver lo que no está, pero si está, de múltiples formas. Significados construidos por la psique del observador.

Colores, texturas, geometría, trazos y composición te permitirán a medida que transites por esta curiosa exposición, encontrar escenarios misteriosos, divertidos, dramáticos, nostálgicos, tiernos y surrealistas.

Como autora, a partir de tres obras "Dónde todo surge", "Dónde todo brota" y "Dónde todo se manifiesta", creadas con técnicas mixtas: acuarelas, acrílico y rotuladores, he extraído diversos significados visuales que solo cada observador puede construir. Sin duda, tan solo unos pocos.

"El pequeño libro del universo abstracto", es una invitación a crear tus propios escenarios. Hacer la obra tuya, transformarla, reconstruirla y jugar con significado y significante a tu antojo. Tú protagonizas esta obra.

Mi enorme curiosidad como creadora de esta obra, me lleva a preguntarme: ¿Qué ves tú?

Sobre las obras originales

Cada lámina fue creada con un previo estudio de colores que han sido empelados.

A medida que la diseñadora fue evolucionando en cada una de las obras, se fue dejando llevar por los trazos y colores que iba sintiendo tenia que elegir.

Sin más pretensión que expresarse a través del color, formas y solapamiento de texturas, se fue creando la personalidad de cada cuadro.

Se han empleado tintas acrílicas, acuarelas y rotuladores sobre una base de periódicos y revistas elegidos por las texturas de su papel Cuché, fino y delicado, lo que implicó tiempos de secado continuos por cada capa y trazos empleados con el fin de evitar la mezcla de los distintos colores.

Este pequeño libro creativo, no pretende dar muestra de la técnica abstracta ni transmitir conocimientos de arte, sino dar la posibilidad de jugar y crear por el observador a través de su propio sentir al mirar cada centímetro de las distintas láminas.

Cada obra posibilita la opción de crear micro cuadros de fragmentos independientes y desechar aquellas que no nos dicen nada, como se muestra unas páginas más adelante en " Adaptación de las obras originales a láminas y cuadros personalizados".

Para cualquier consulta o petición específica sobre la obra, puedes contactar con brandingesencial@gmail.com

Este es el primer número de una colección de ejemplares de "El Pequeño Libro del Universo Abstracto. ¿Qué ves tú?" muy diferentes pero creados con el mismo planteamiento: Jugar y encontrar mentalmente significados con las formas y composiciones abstractas que se proponen.

Sobre la autora

Marian Muñoz es diseñadora gráfica independiente, creadora de "Branding Esencial" y del blog visual E S E N C I A L.

Después de muchos años dedicada a la labor asistencial, encontró su pasión por el diseño tras una expedición vital y profesional de lo más inconexa en su momento.

Apasionada por el diseño editorial, la creación de imagen de marcas y la ilustración, su filosofía de diseño radica en "ver más allá de lo visible" y trasladarlo a la atmósfera gráfica de cada encargo con independencia de tu naturaleza.

Ha desarrollado su propio proceso creativo por lo que se define como una aprendiz constante, devoradora de libros y en constante formación.

Se considera conceptualmente una diseñadora "Indie", con tendencia humanista en su forma de plantear y hacer diseño, sin embargo, muy respetuosa con las teorías y los fundamentos del diseño gráfico que la permitieron aprender.

Construye la imagen de marcas, desarrolla y diseña un concepto editorial, crea portadas de libros, cartelería o un logo, a partir de una compleja y original forma de explorar el Briefing inicial con sus clientes en cada proyecto.

Sus amplios conocimientos e interés por la psicología humana, el desarrollo personal y diversos métodos de exploración emocional, la permiten traspasar los límites de un Briefing convencional y excavar aspectos, que en éste pasan desapercibidos y considera esenciales estén presentes y se transmitan en la gráfica de cada trabajo.

Es defensora del "concepto Indie" con un diseño gráfico libre, flexible y sin miedo a romper las reglas establecidas cuando sea necesario, sustituyéndolas por aquello que nos gusta y atrae, más que por lo gráficamente correcto que deba ser.

Puedes conocer más sobre ella en su porfolio y web www.brandingesecial.com.

A mis lectores visuales.

OBRAS ORIGINALES

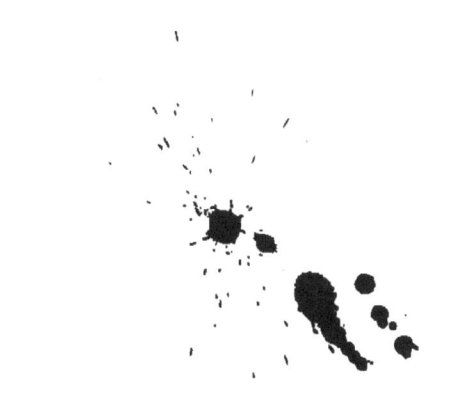

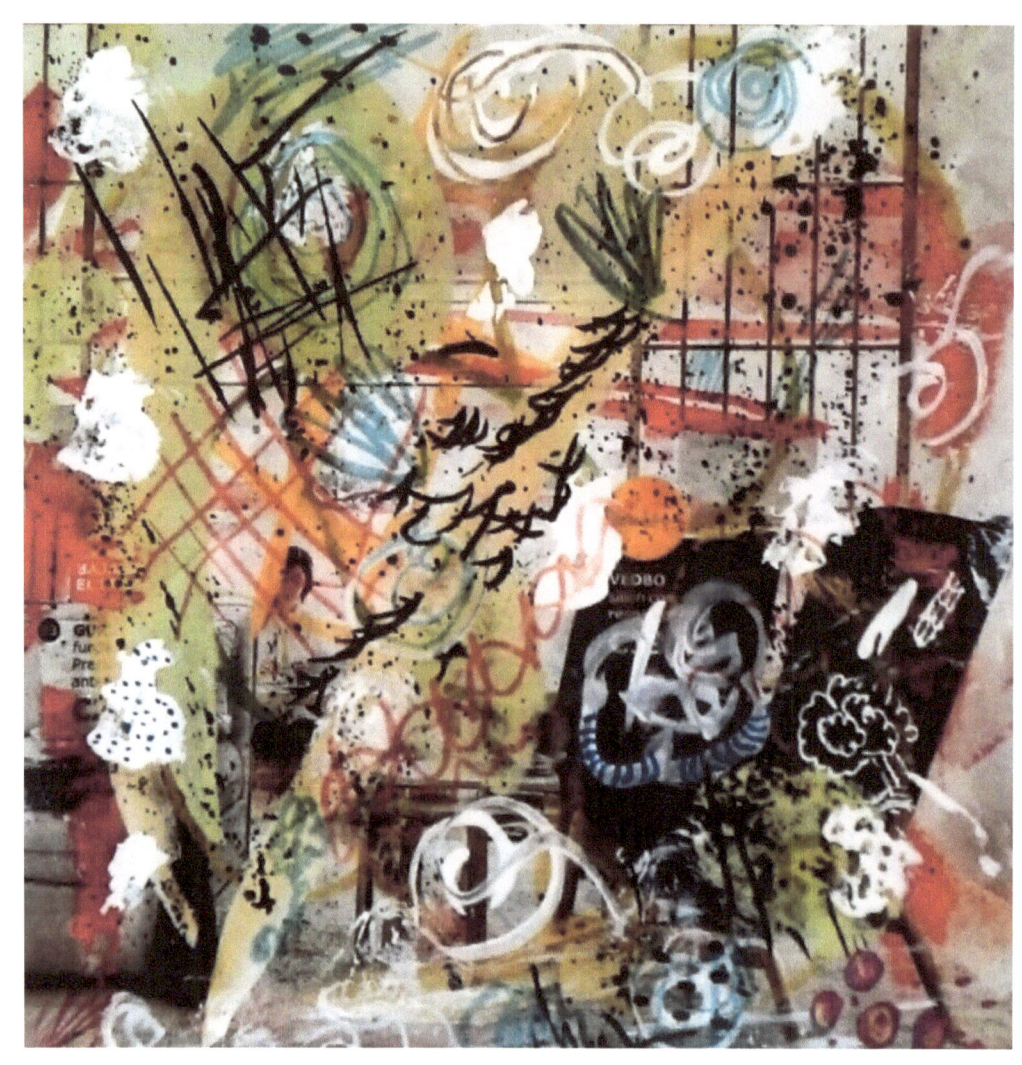

DONDE TODO BROTA

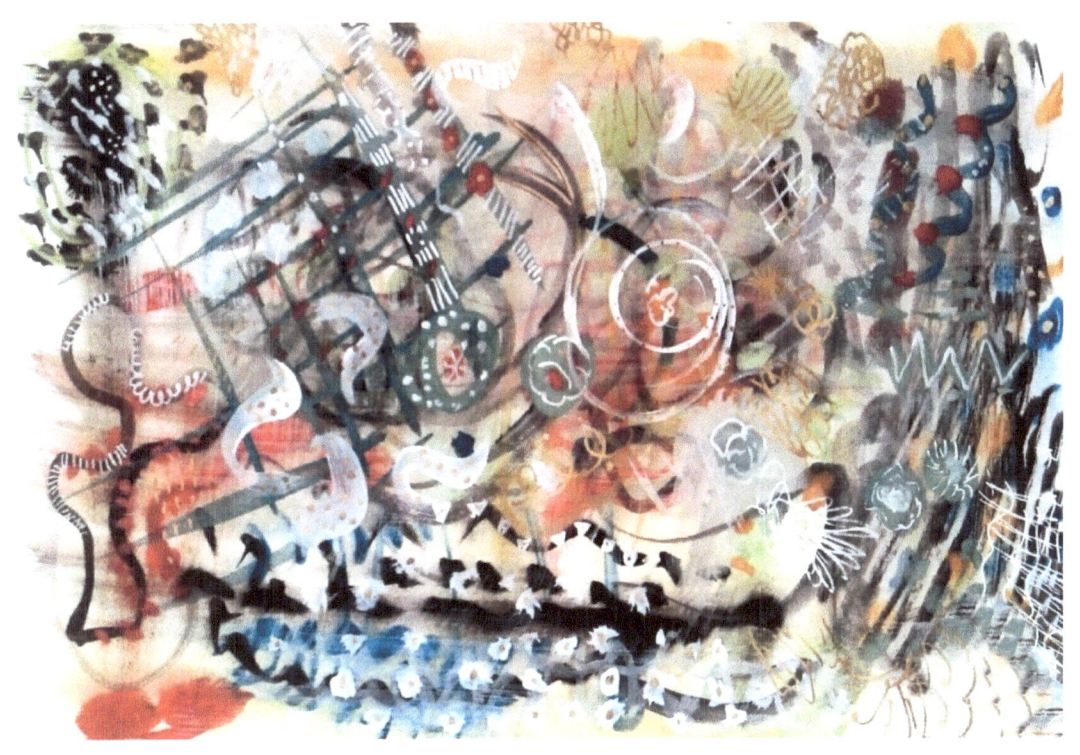

DONDE TODO SURGE

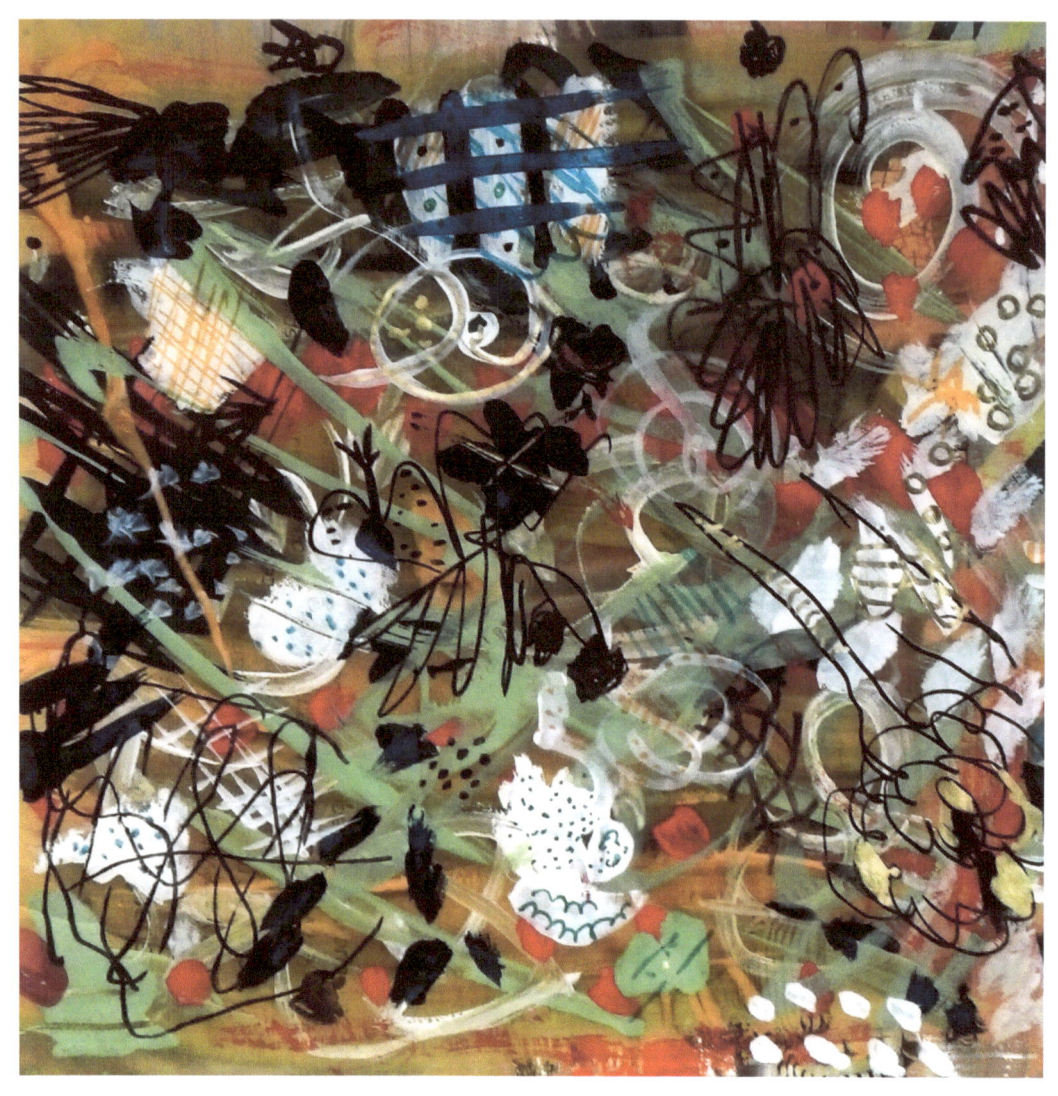

DONDE TODO SE MANIFIESTA

ADAPTACIÓN DE LAS OBRAS ORIGINALES

A LÁMINAS Y CUADROS PERSONALIZADOS

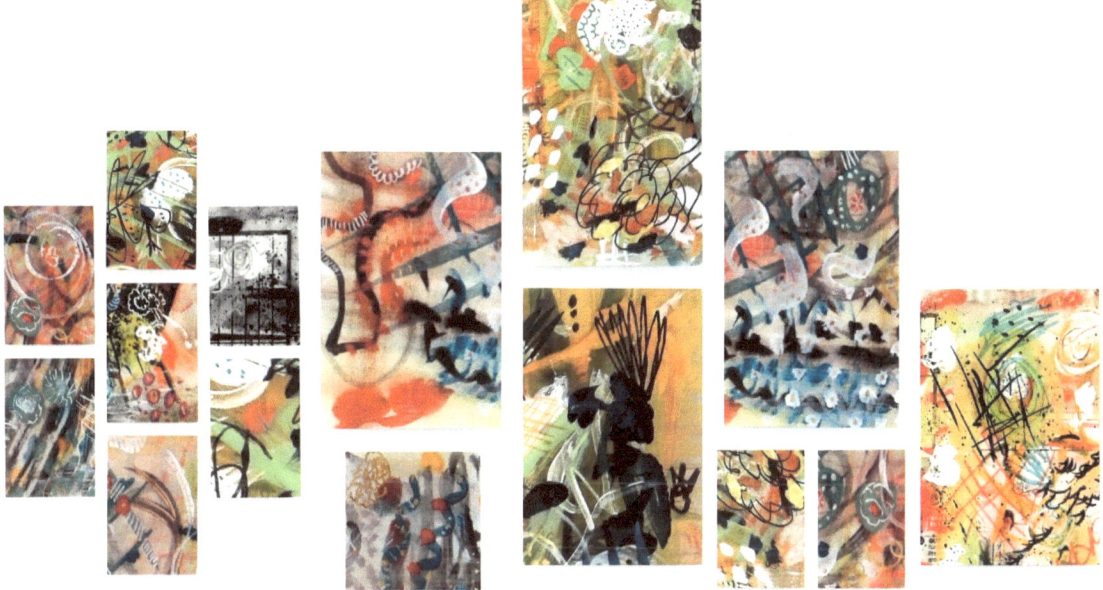

PUEDES TENER UNO PERSONALIZADO SELECCIONANDO UN ENCUADRE QUE TE GUSTE Y ENCARGÁNDOLO PERSONALMENTE A LA AUTORA EN
pedidosbrandingesencial@gmail.com

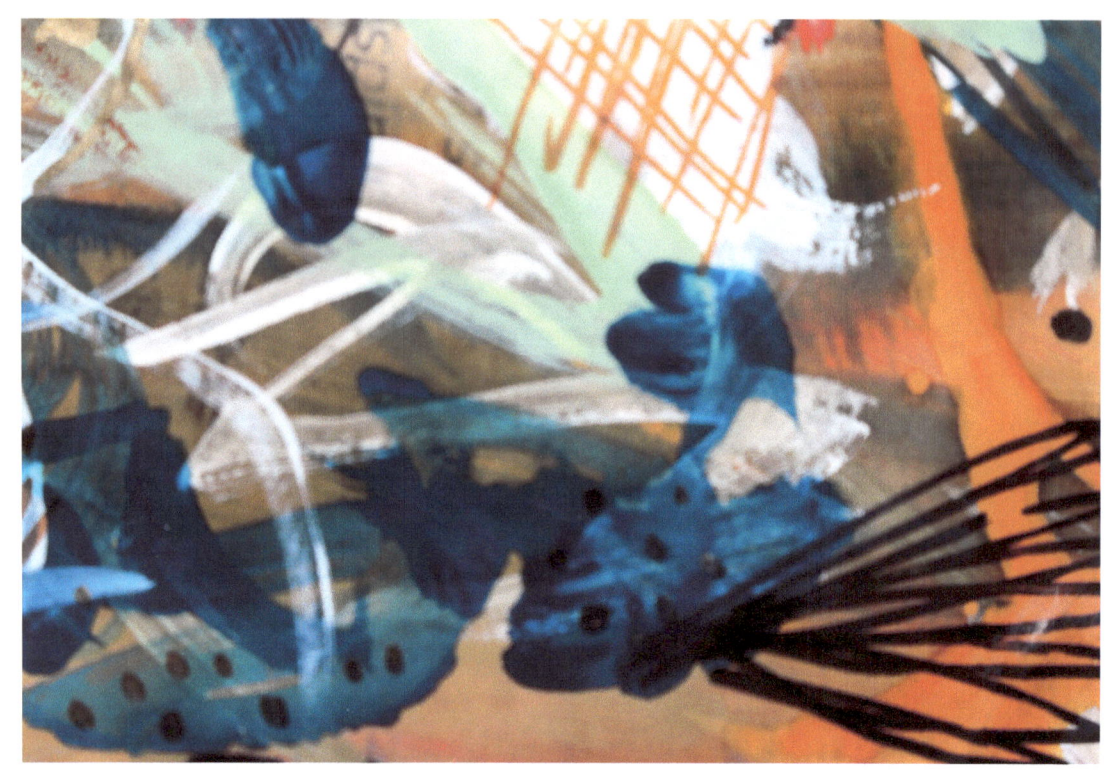

REUNIÓN DE PECES

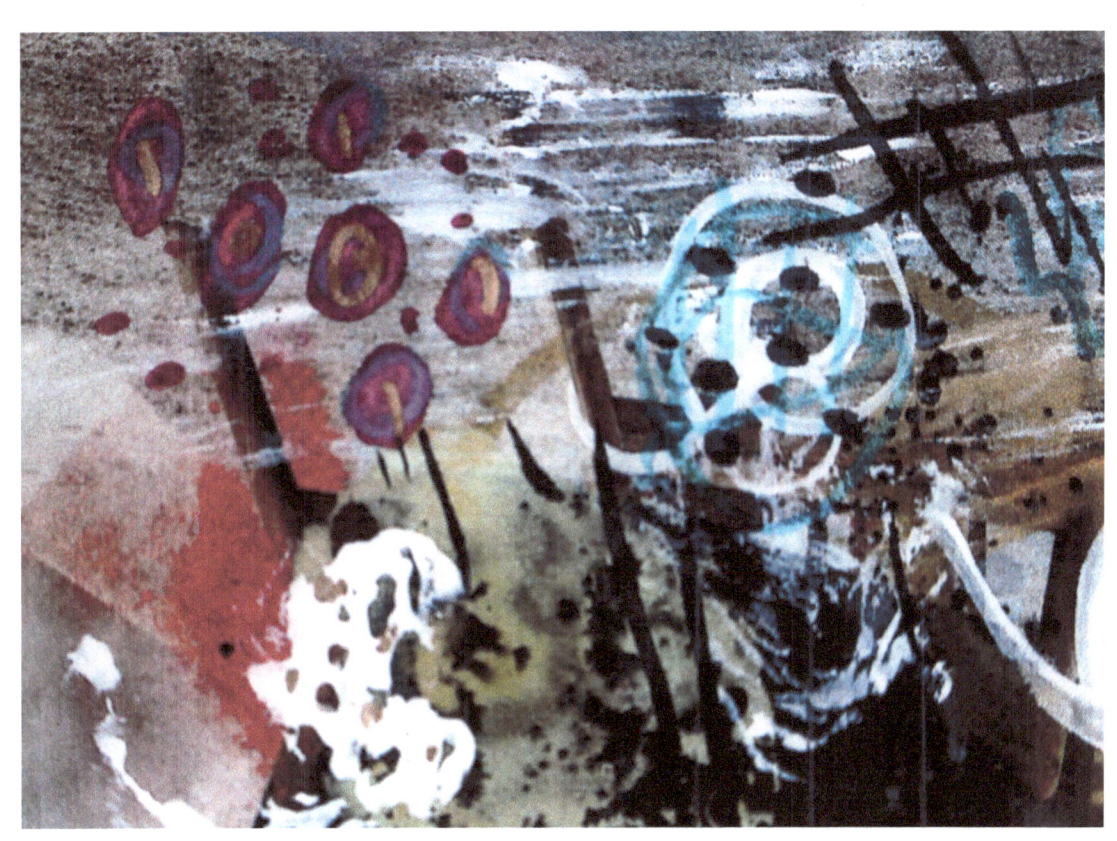

EL HURACÁN SE ACERCA

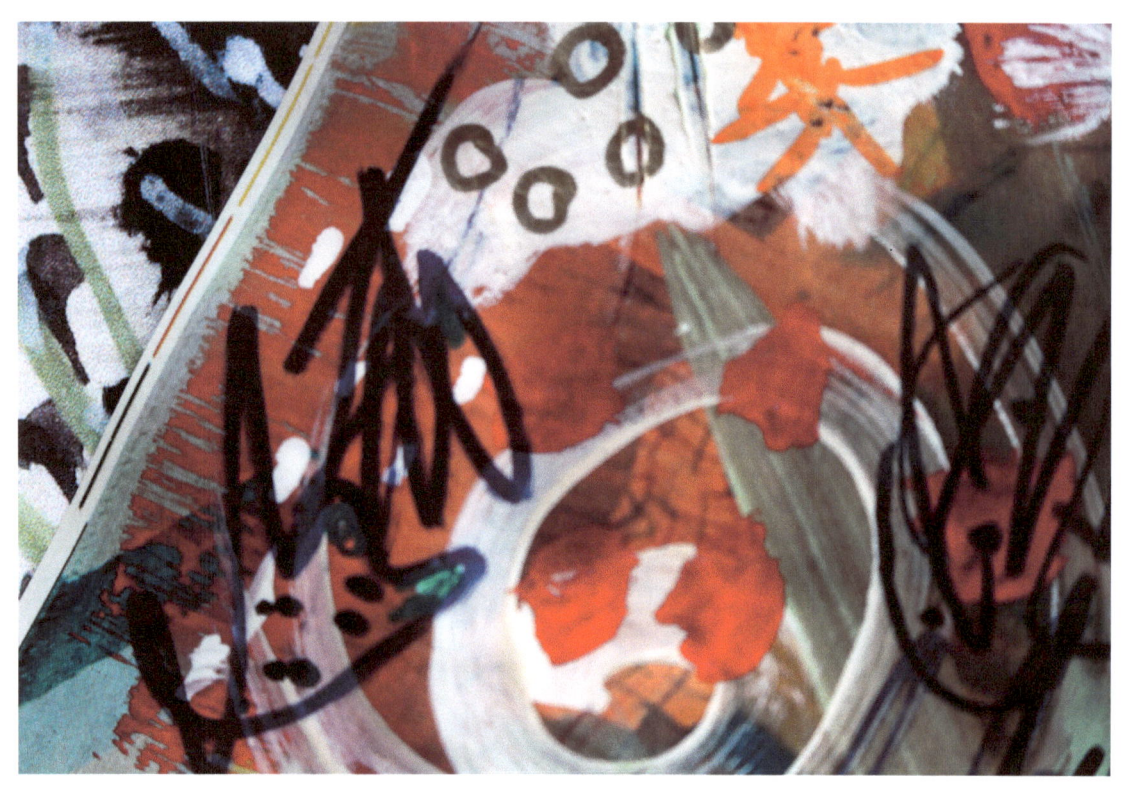

NIDO DE PÁJAROS CONTENTOS

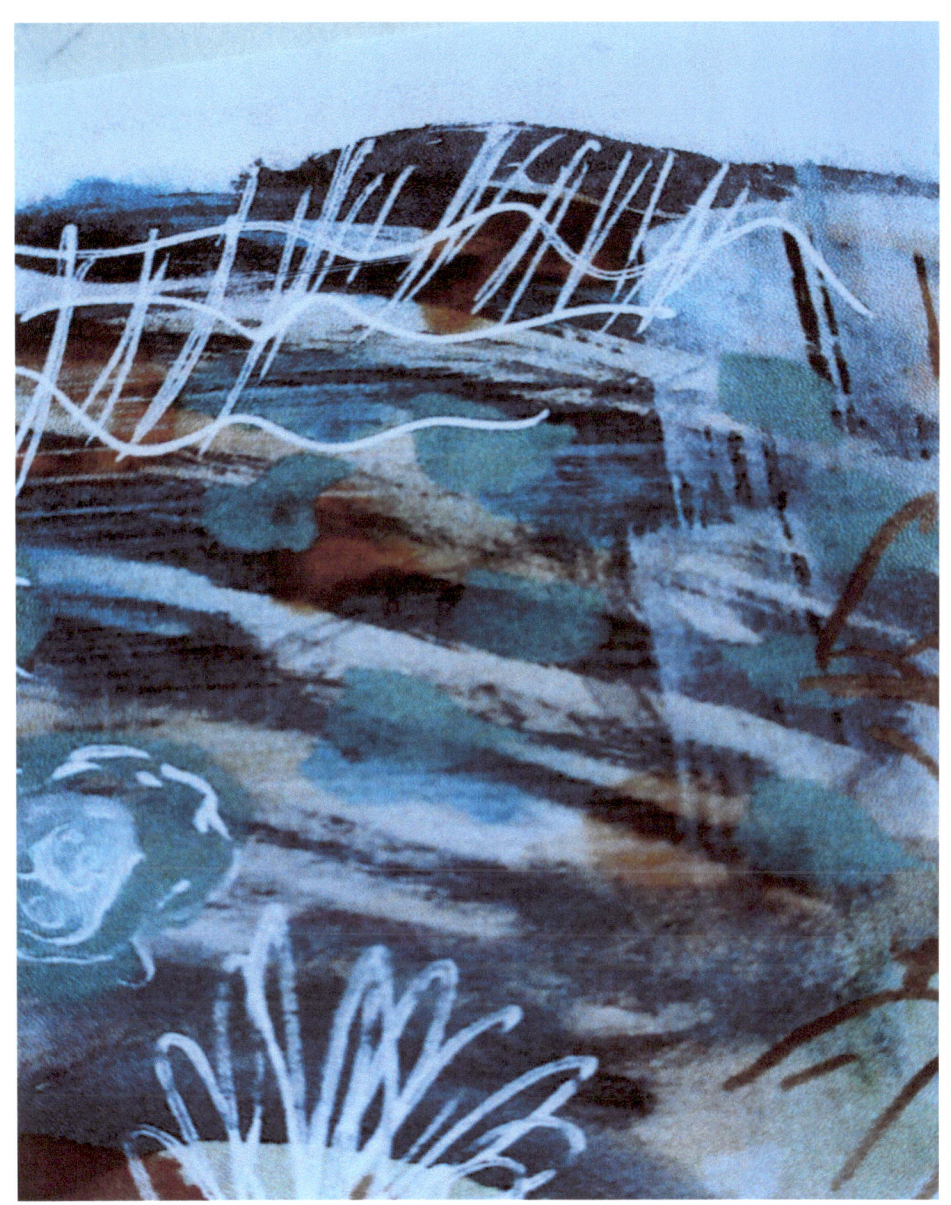

MAR REVUELTO

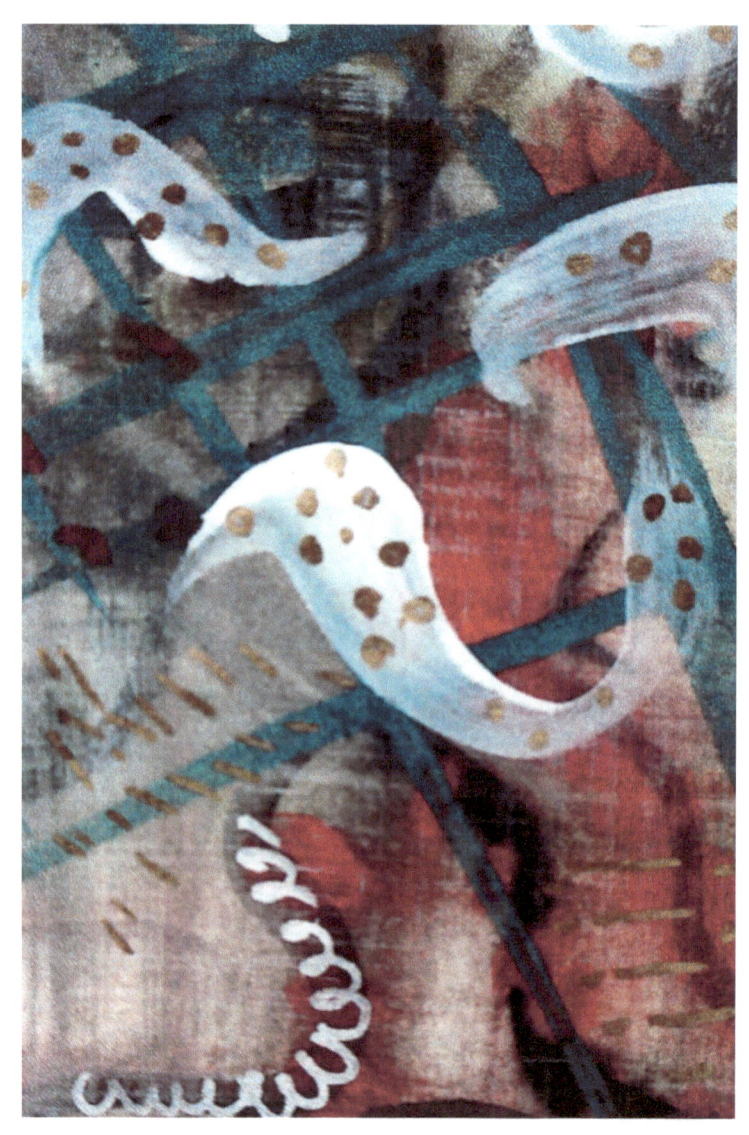

FANTASMAS ENJAULADOS

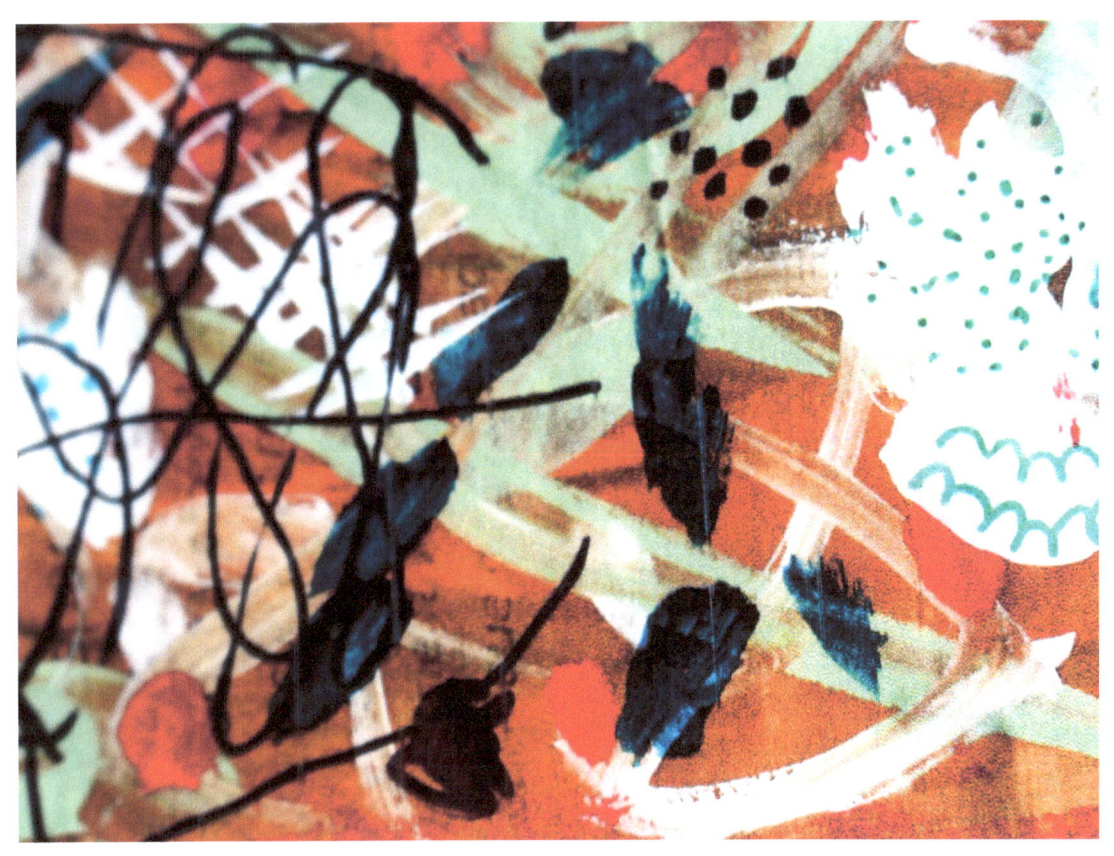

PLUMAS ABATIDAS

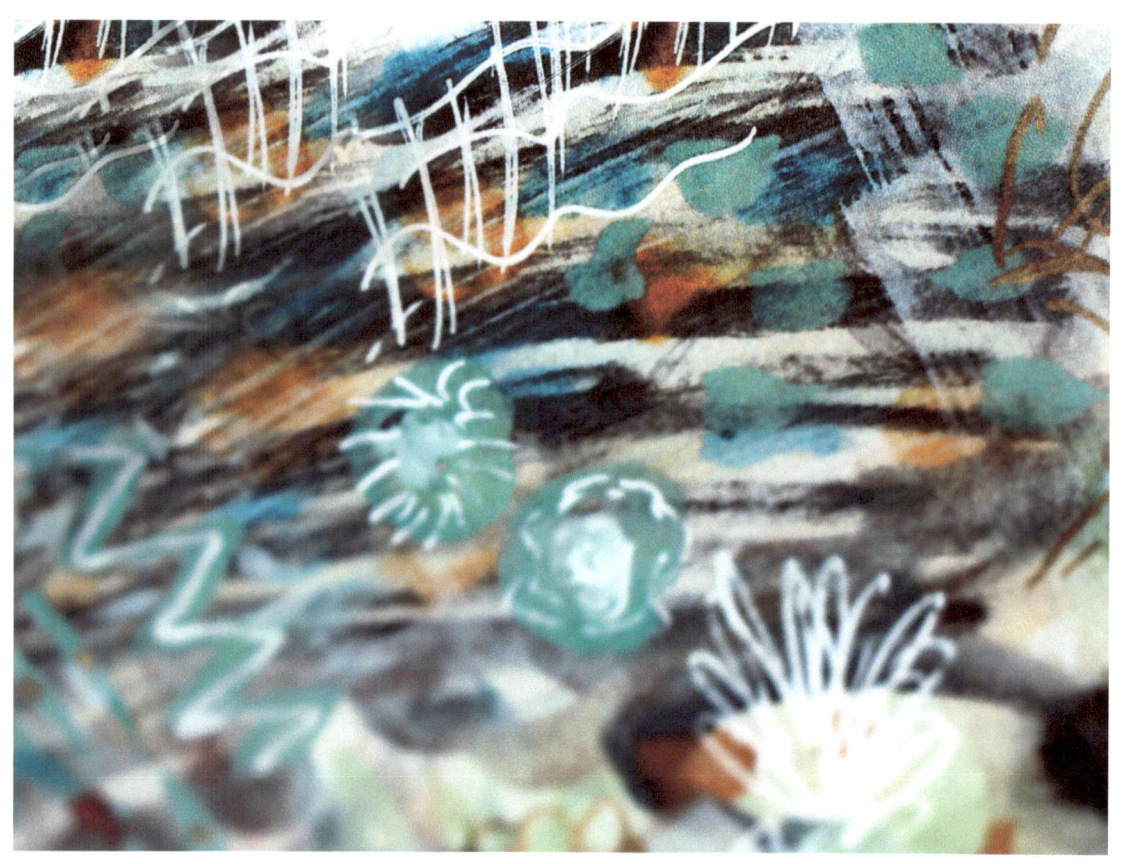

TORMENTA

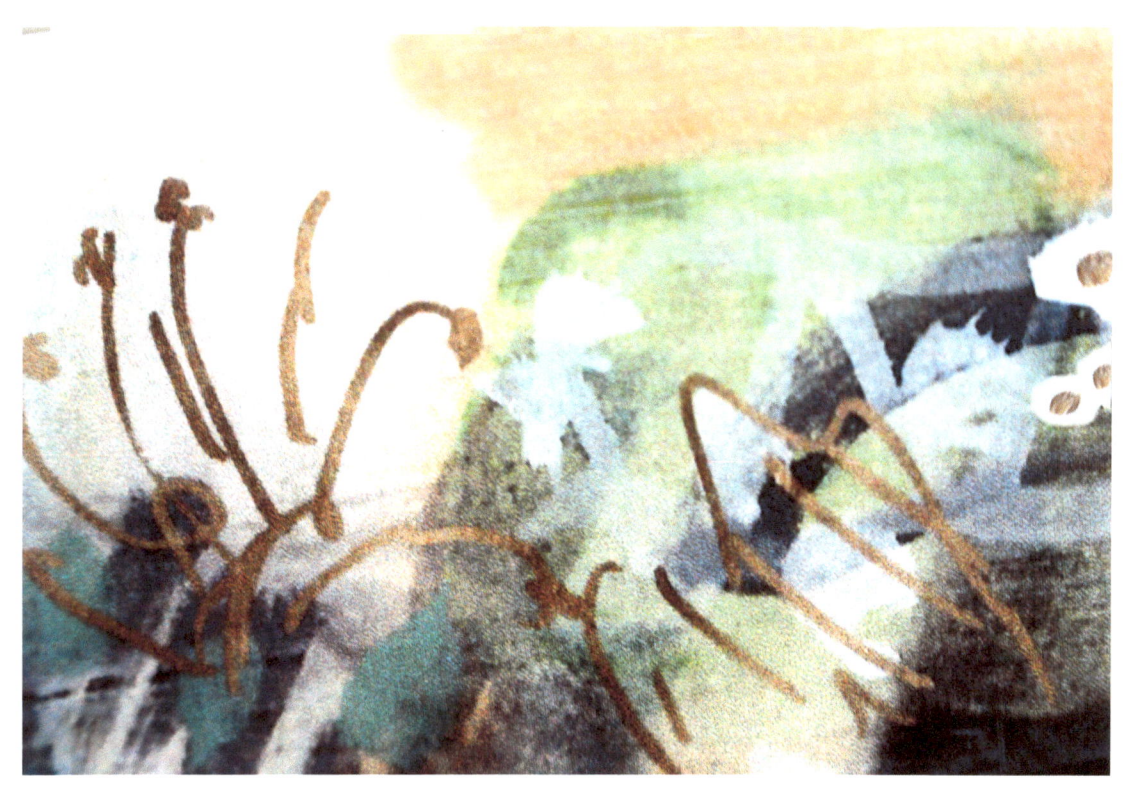

ACANTILADO

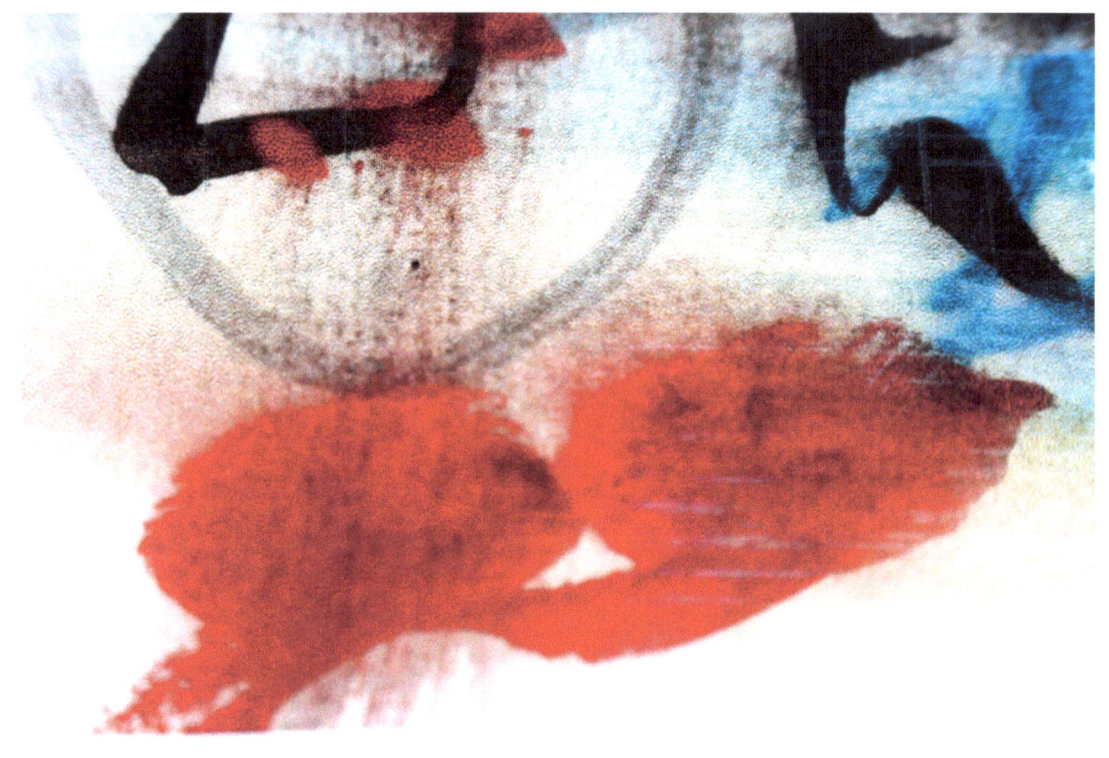

AMANTES

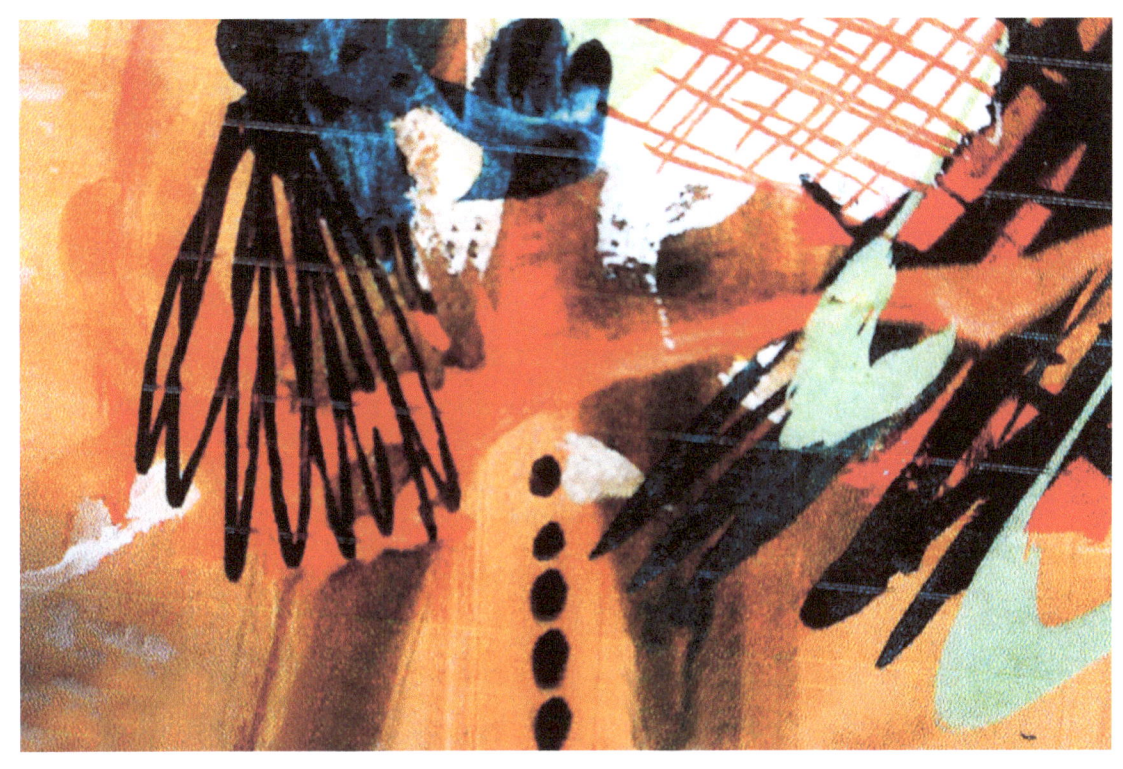

PINGÜINO OBSERVANDO

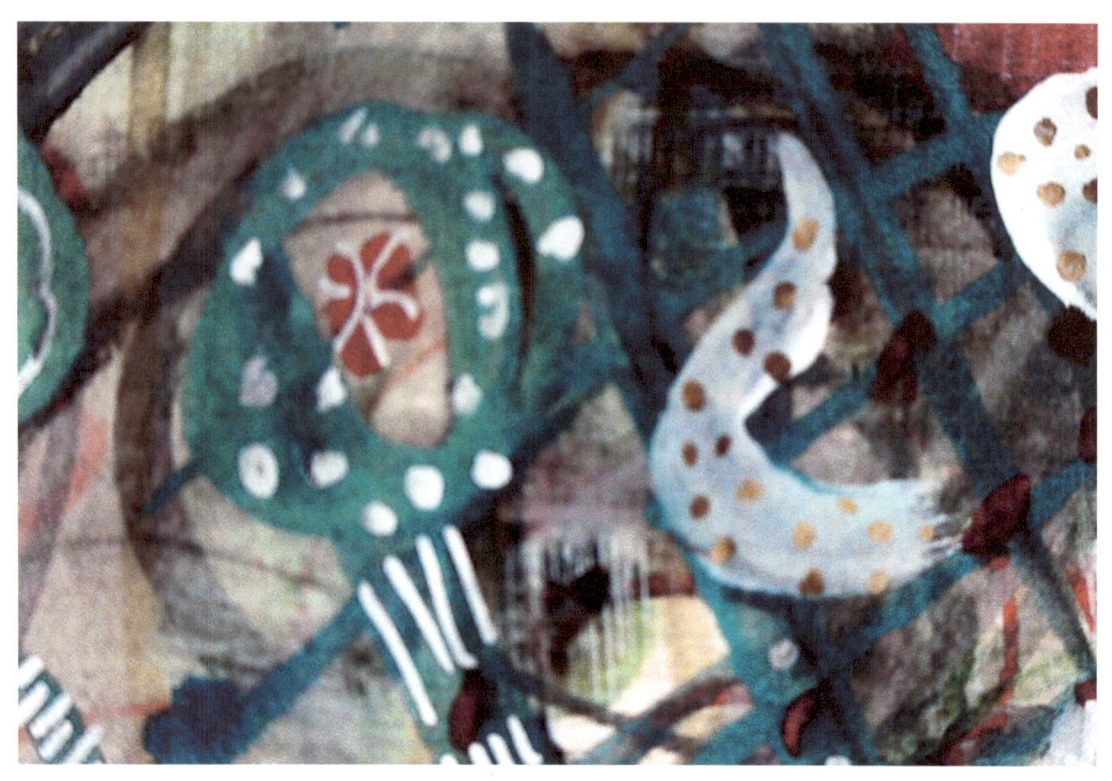

FANTASMA ESCAPANDO

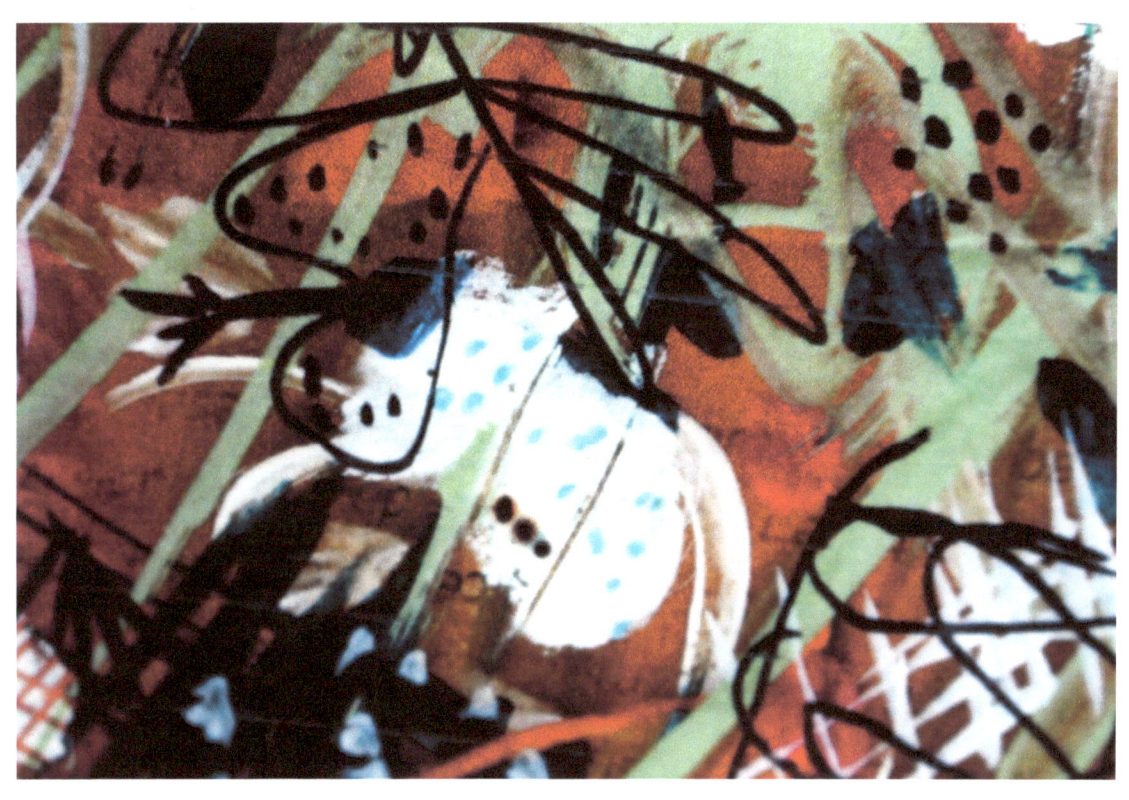

EL JARDÍN DE LA AMISTAD
"AMIGOS PARA SIEMPRE"

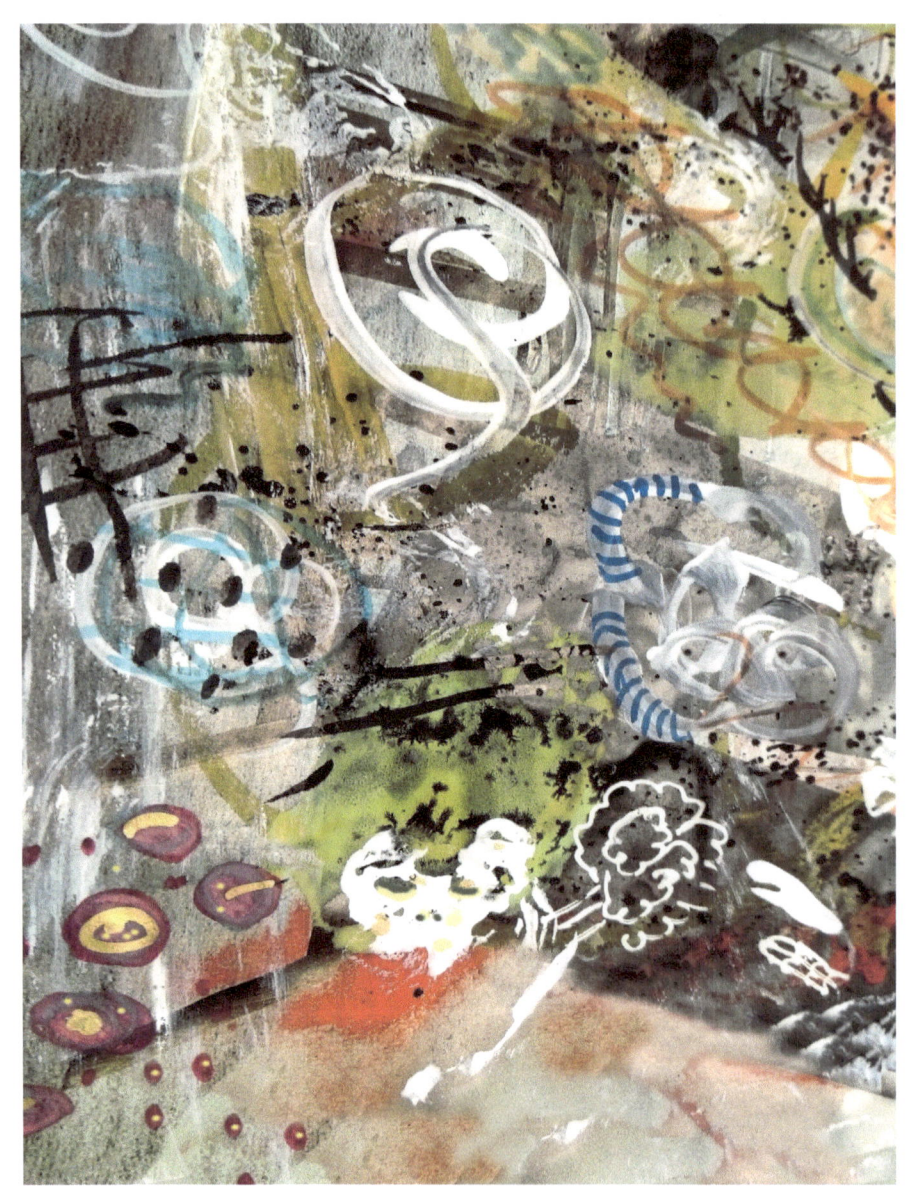

MUERTO EN VIDA

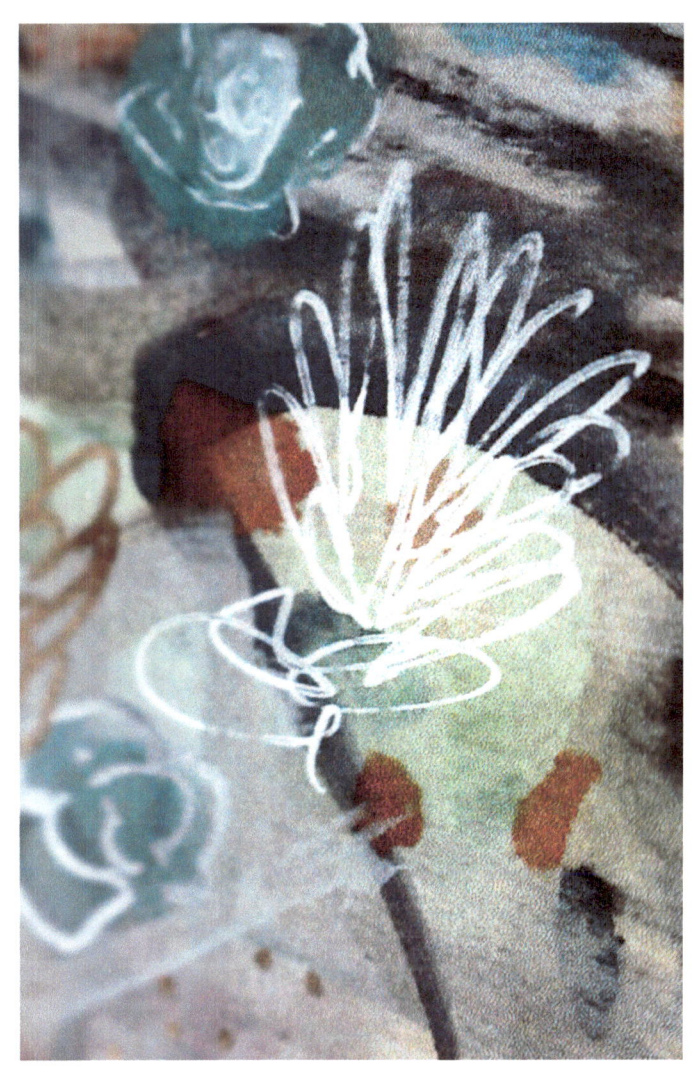

ROSA DE JERICÓ

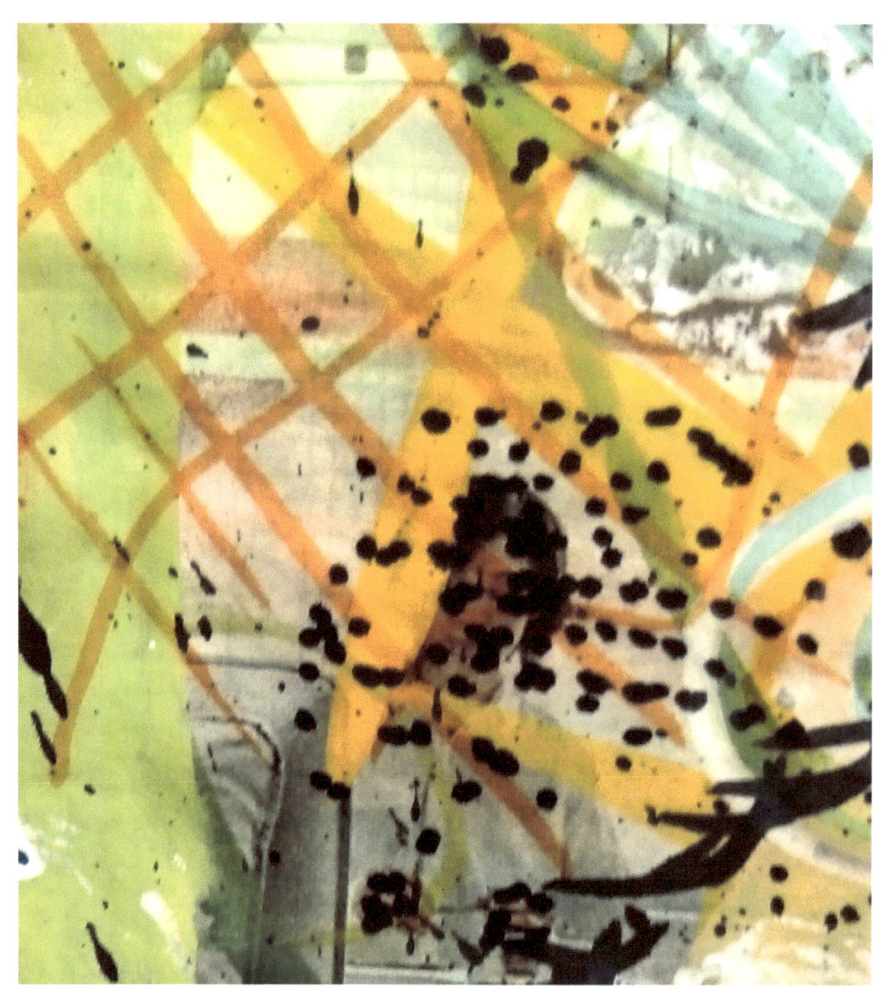

PAPAYA

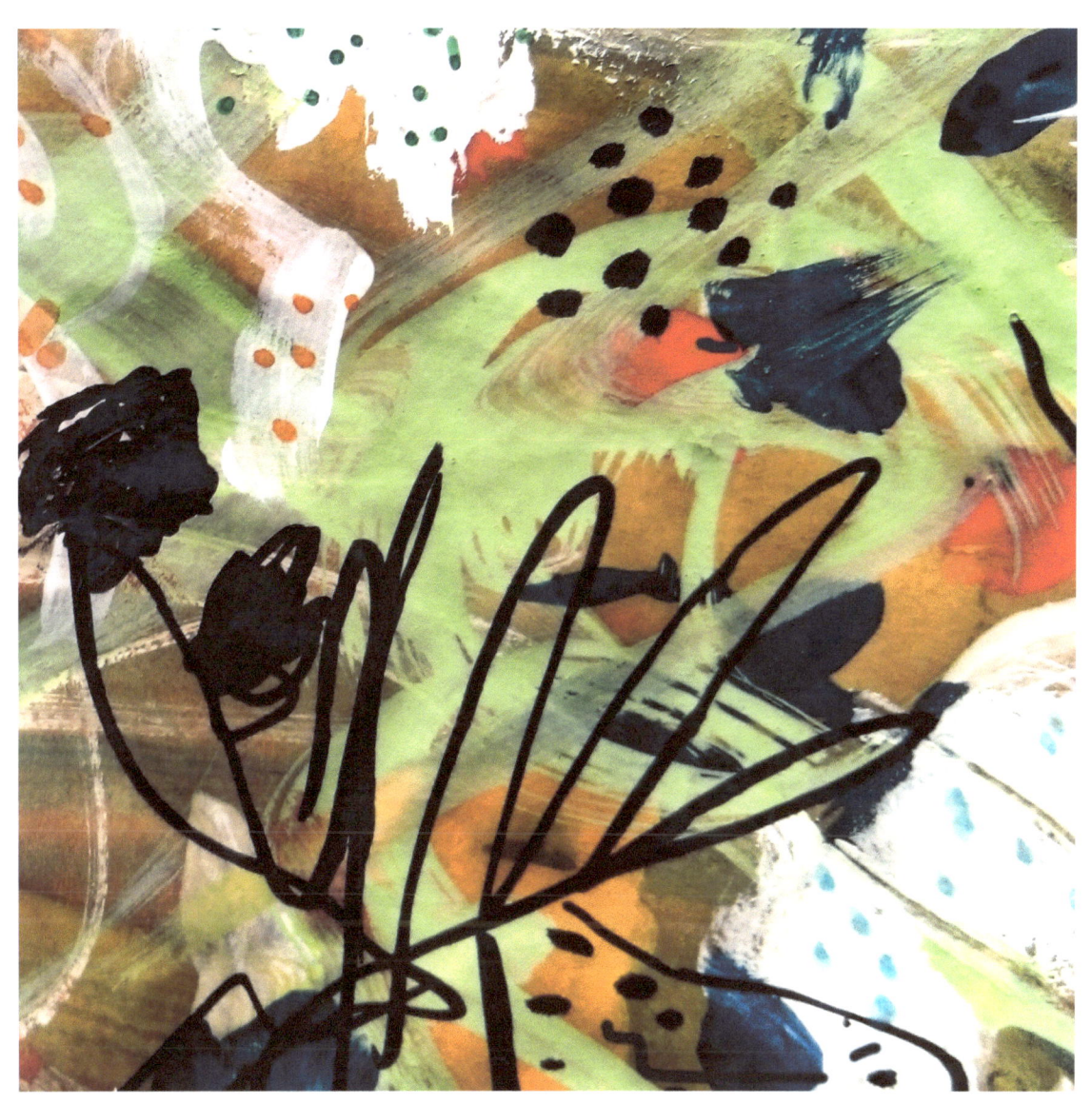

PECES DE COLORES

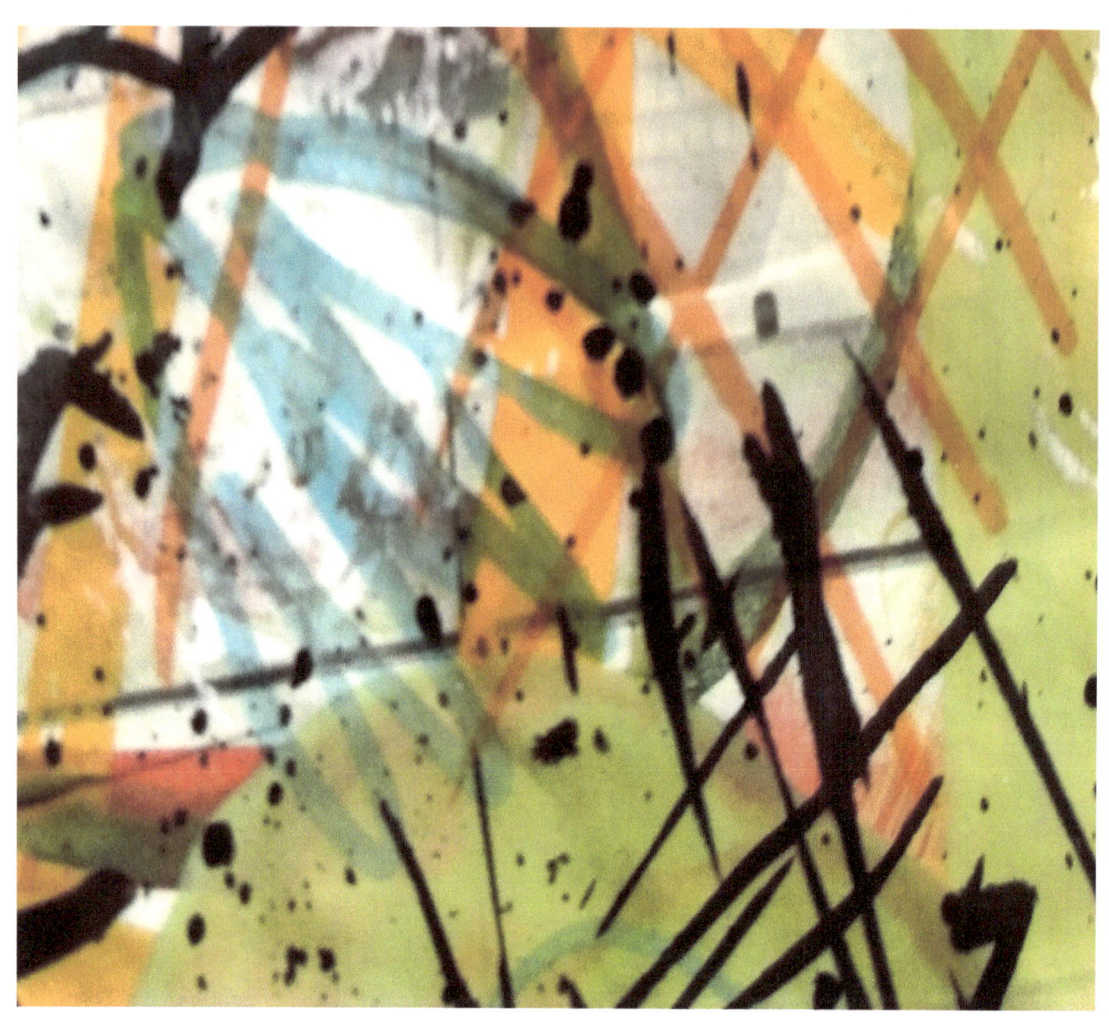

EL RINCÓN TROPICAL

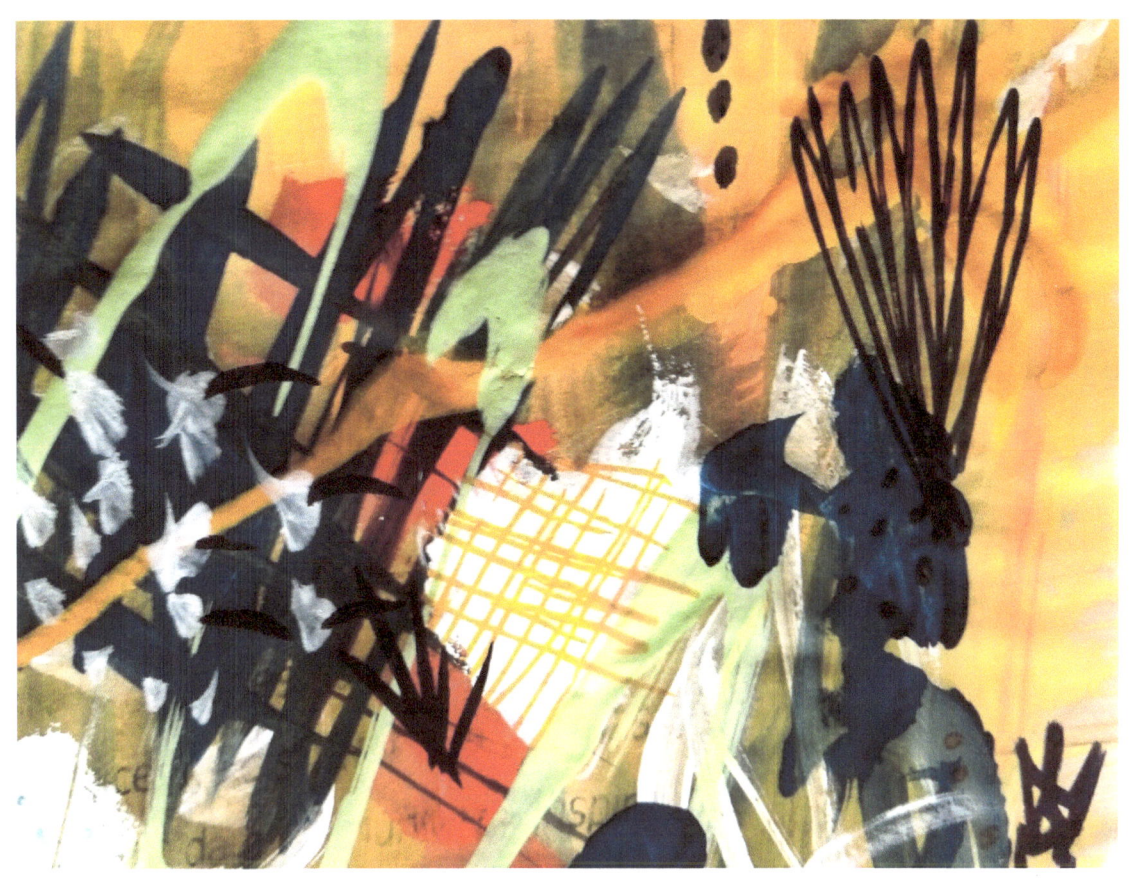

PEZ GALLO

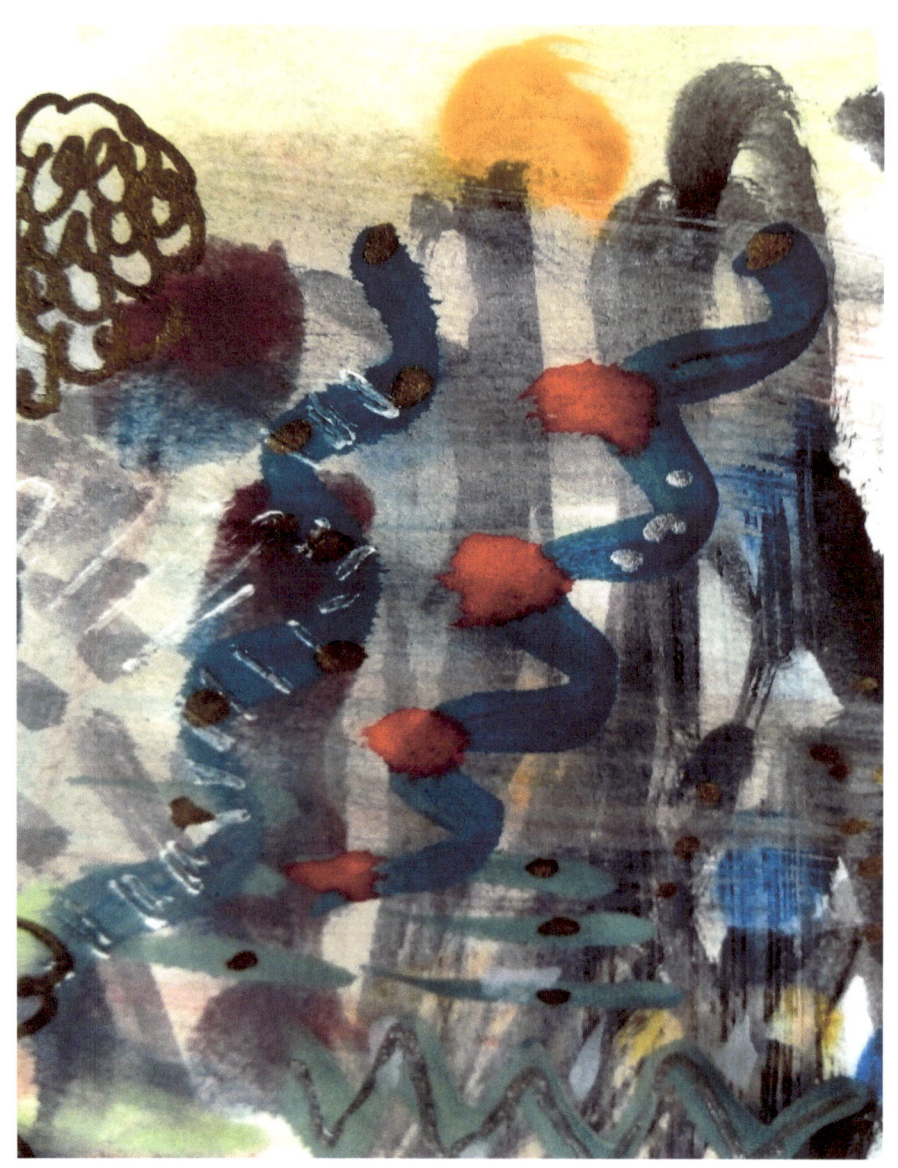

CIUDAD MARINA

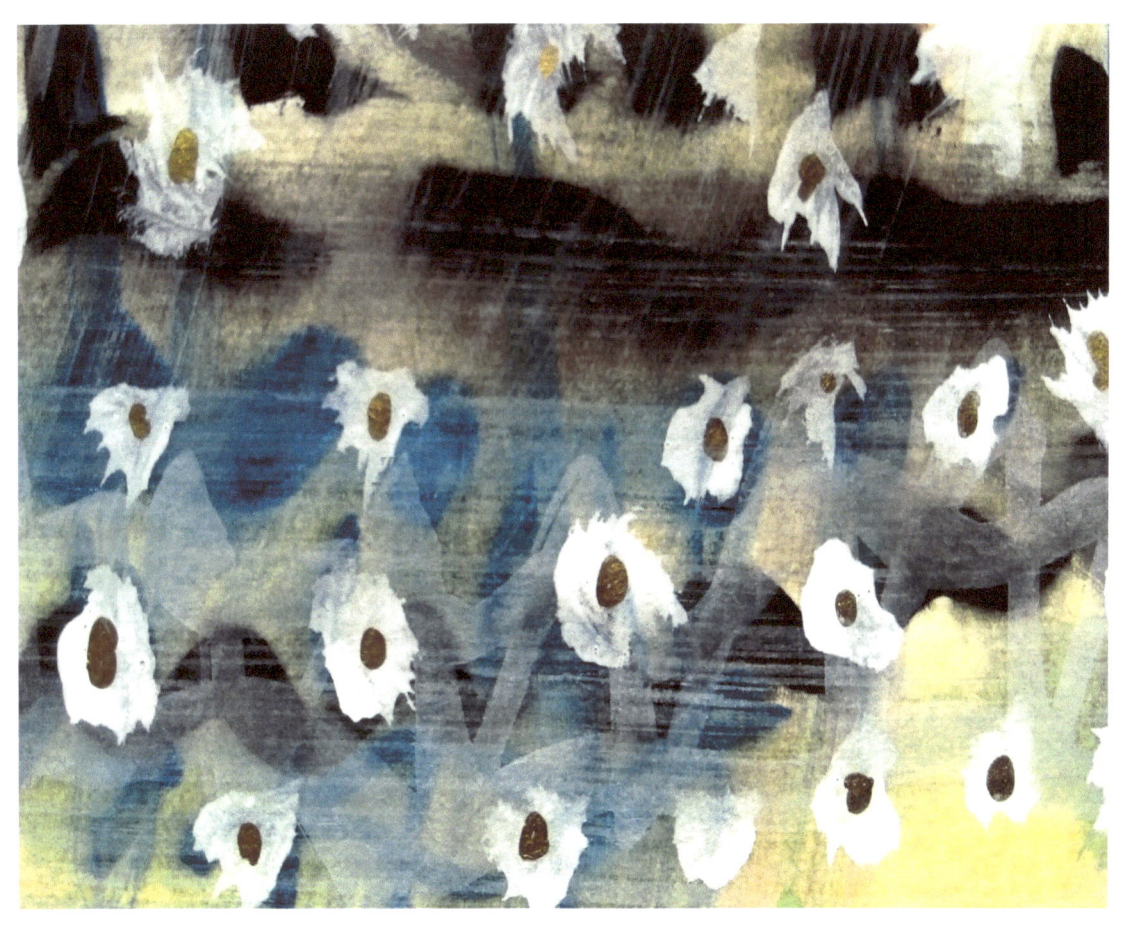

MAMUTS EN CAMPO
DE MARGARITAS

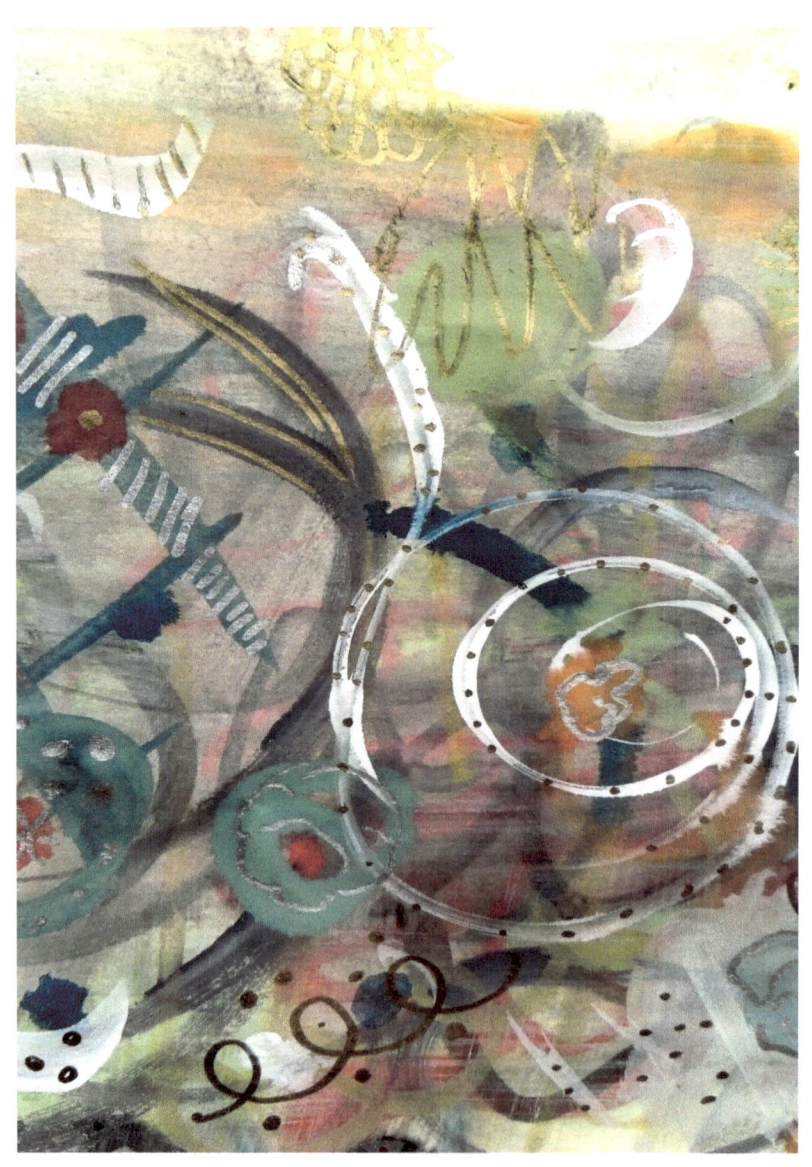

PRIMAVERA

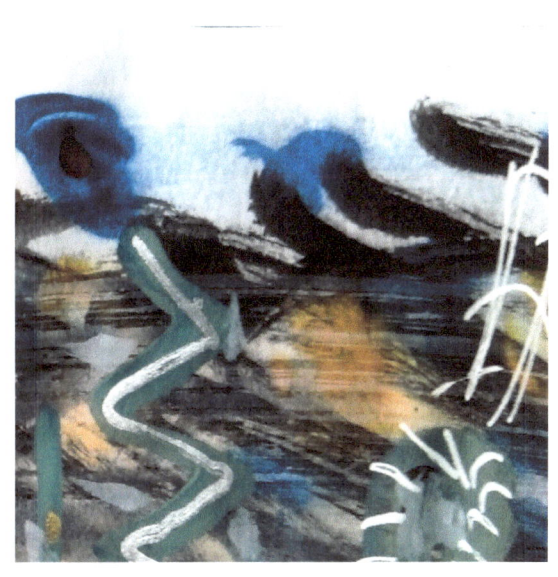

GORRIÓN

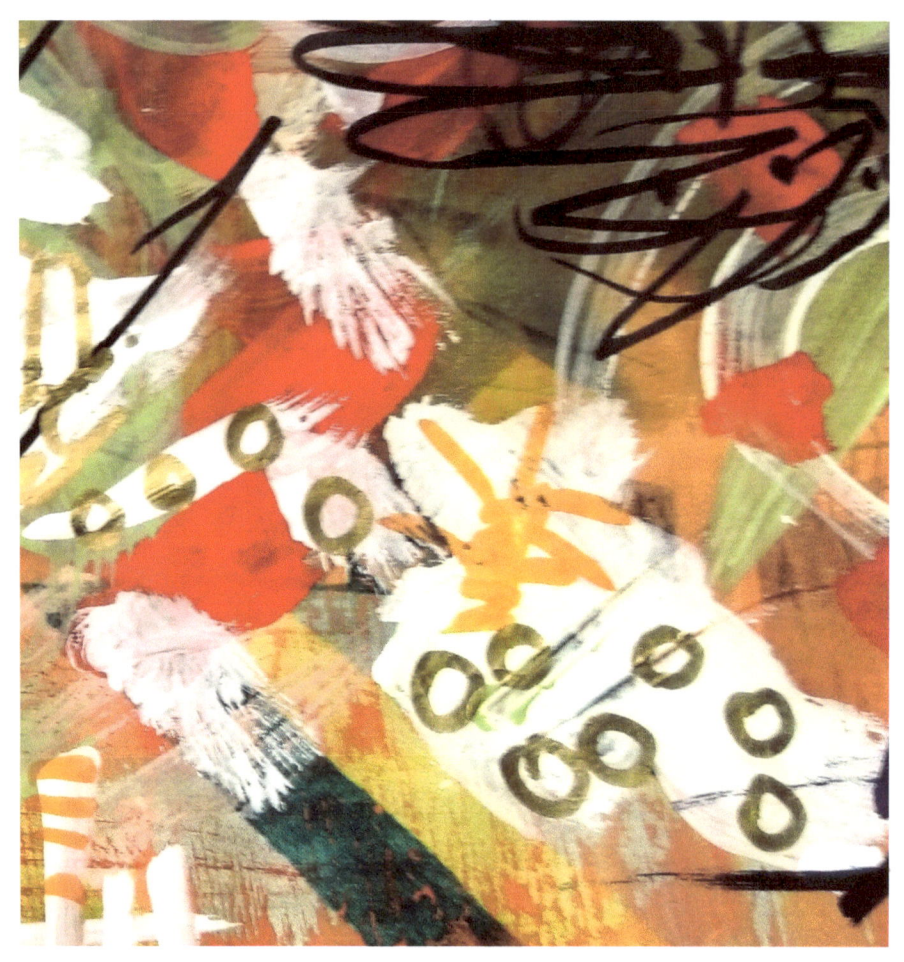

MAMÁ NOÉL

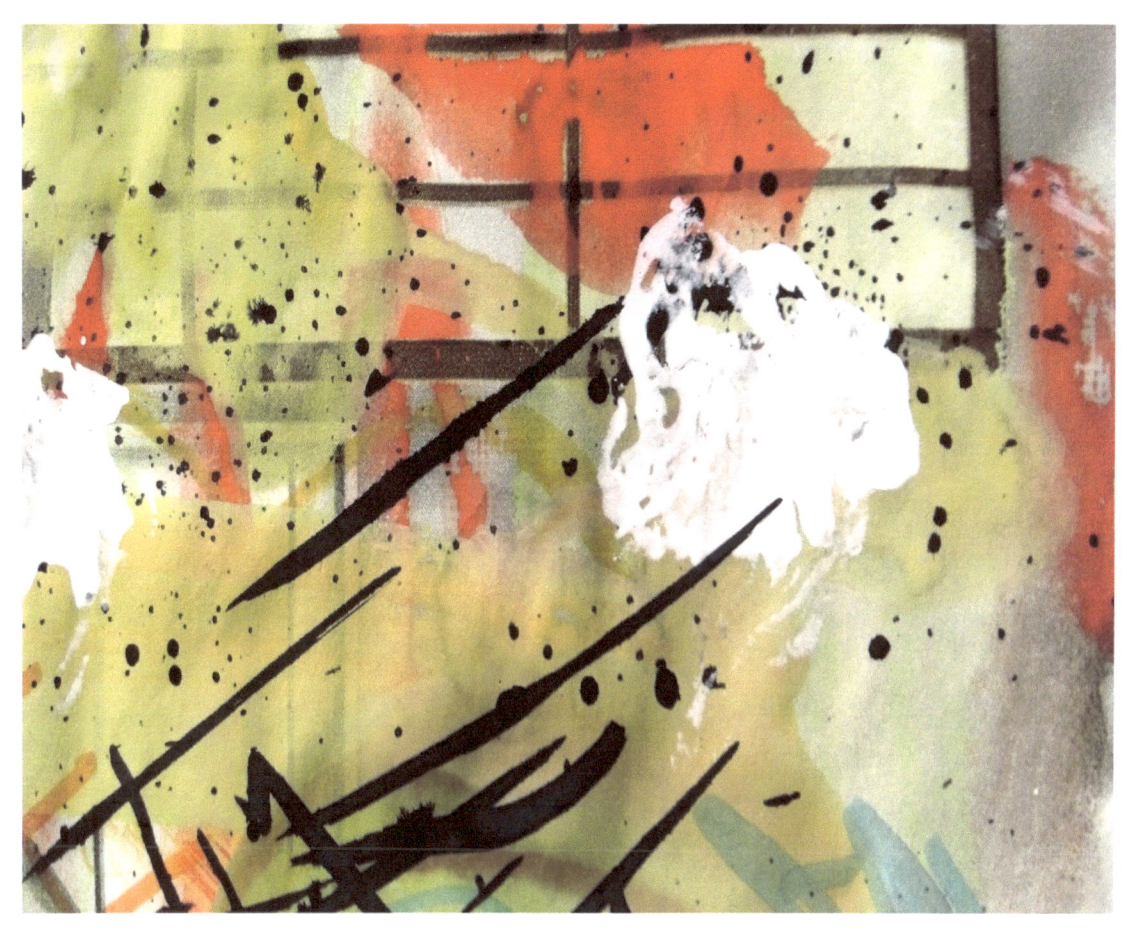

OVEJAS EN LA GUERRA

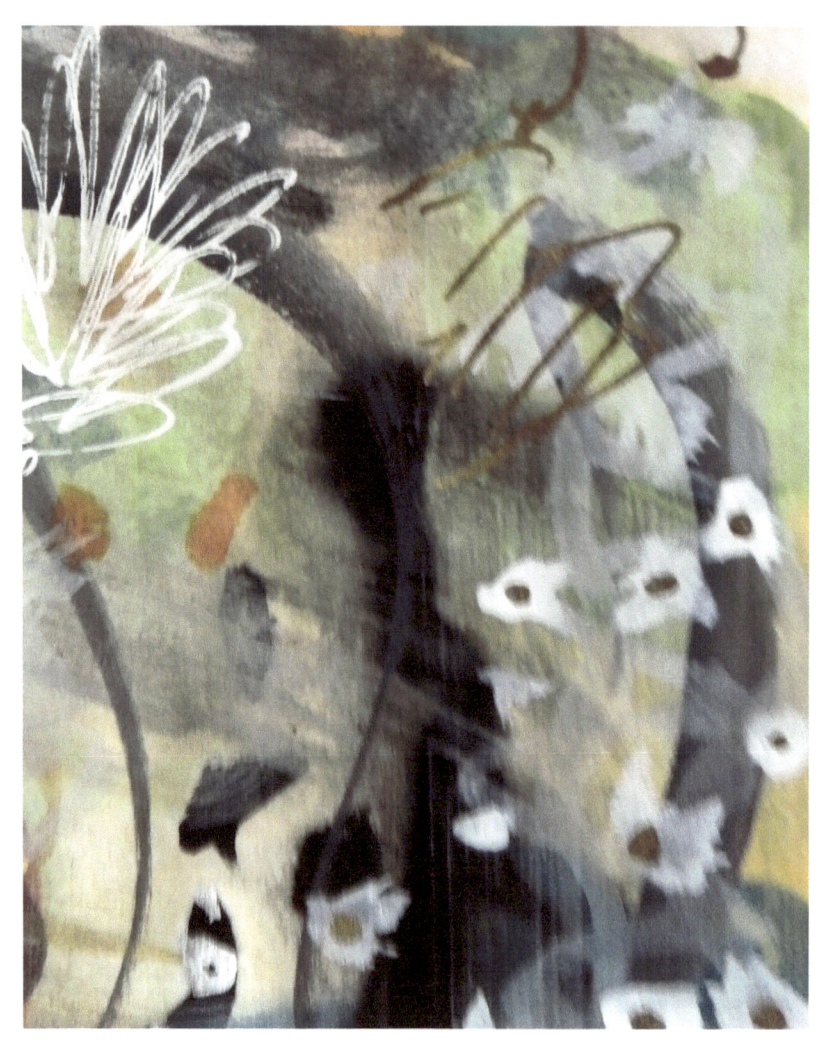

LA SOMBRA

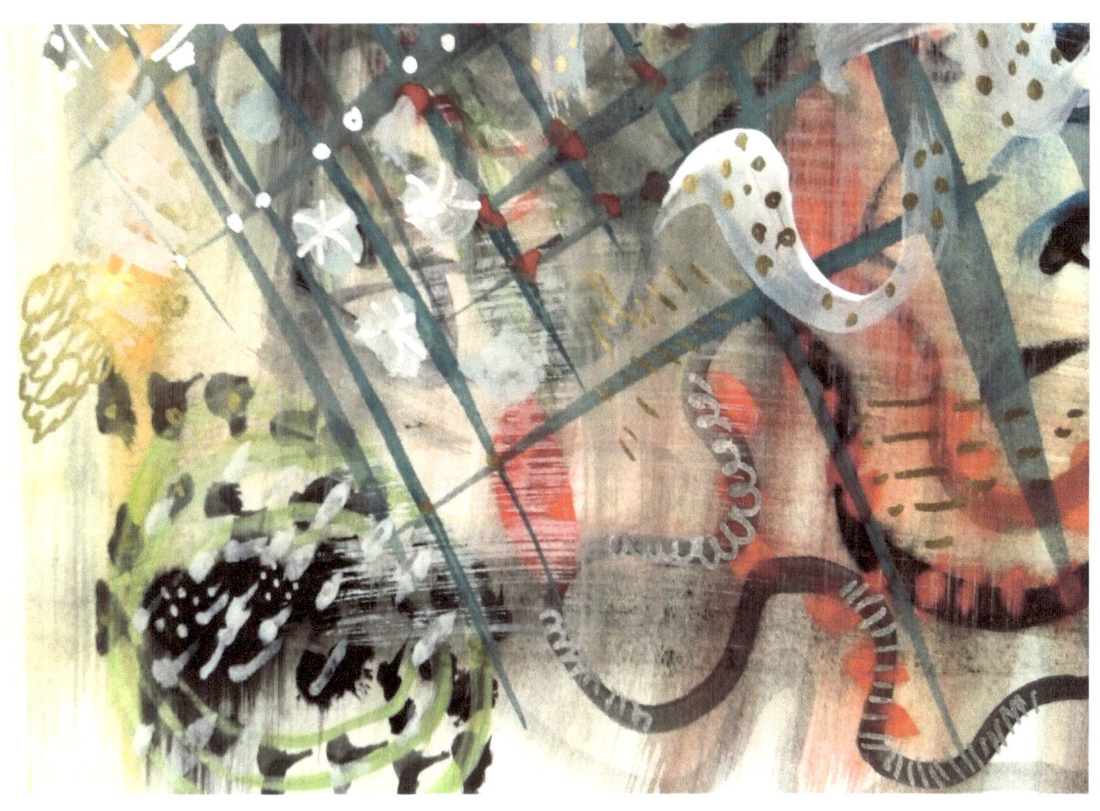

MIEDO A LA LIBERTAD

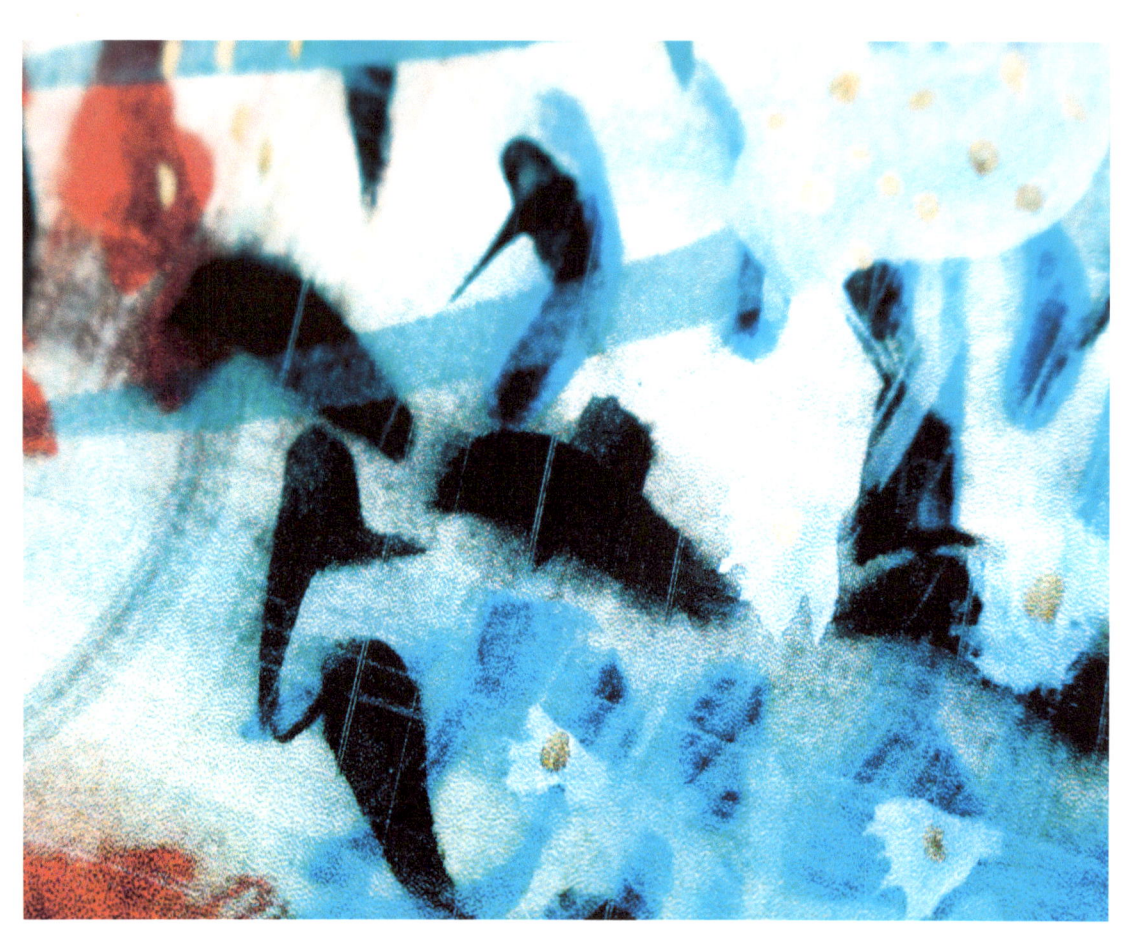

AMAPOLAS ACUÁTICAS & DELFINES

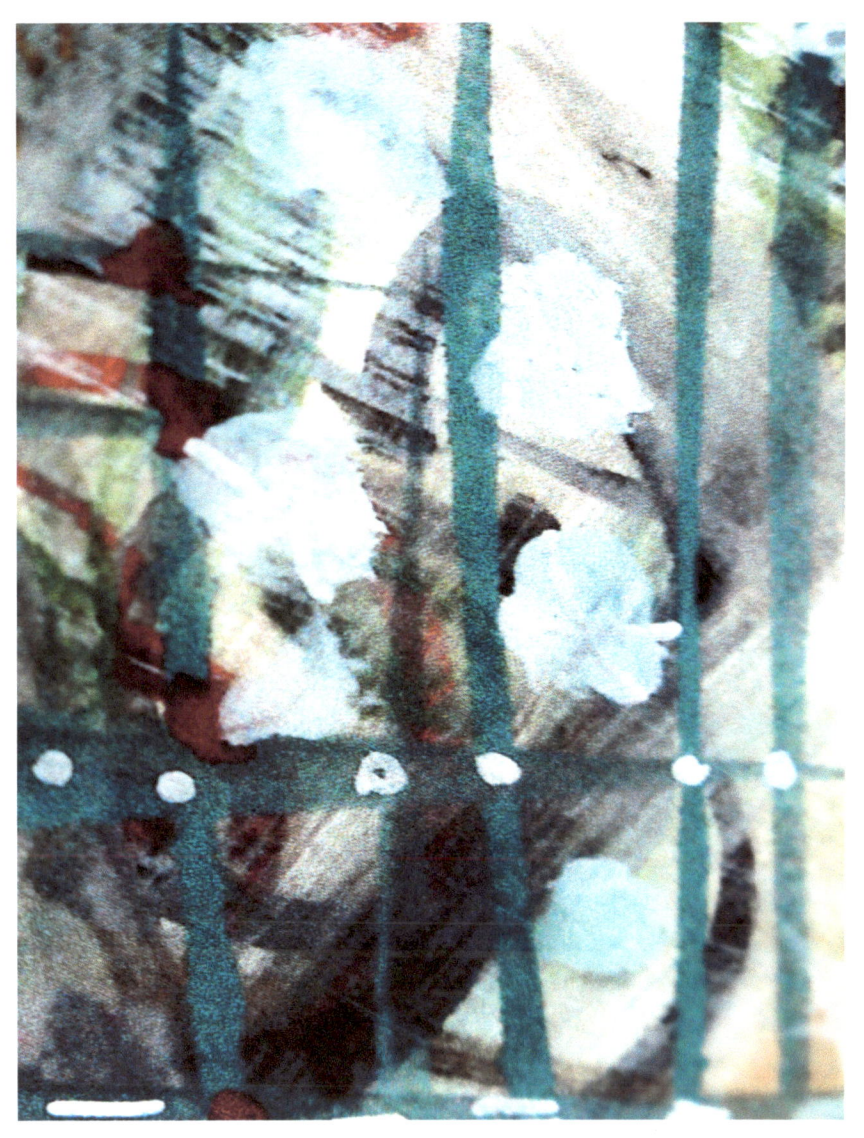

ORQUÍDEAS PRESAS

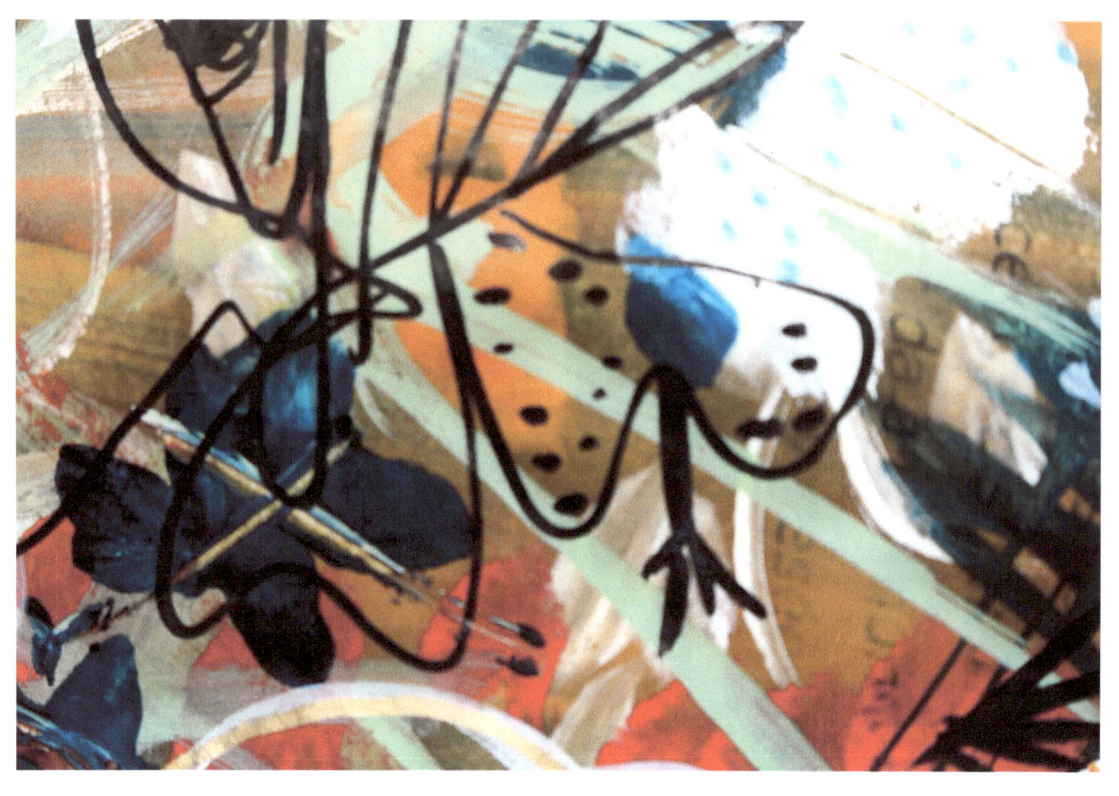

POLLO SIN CABEZA

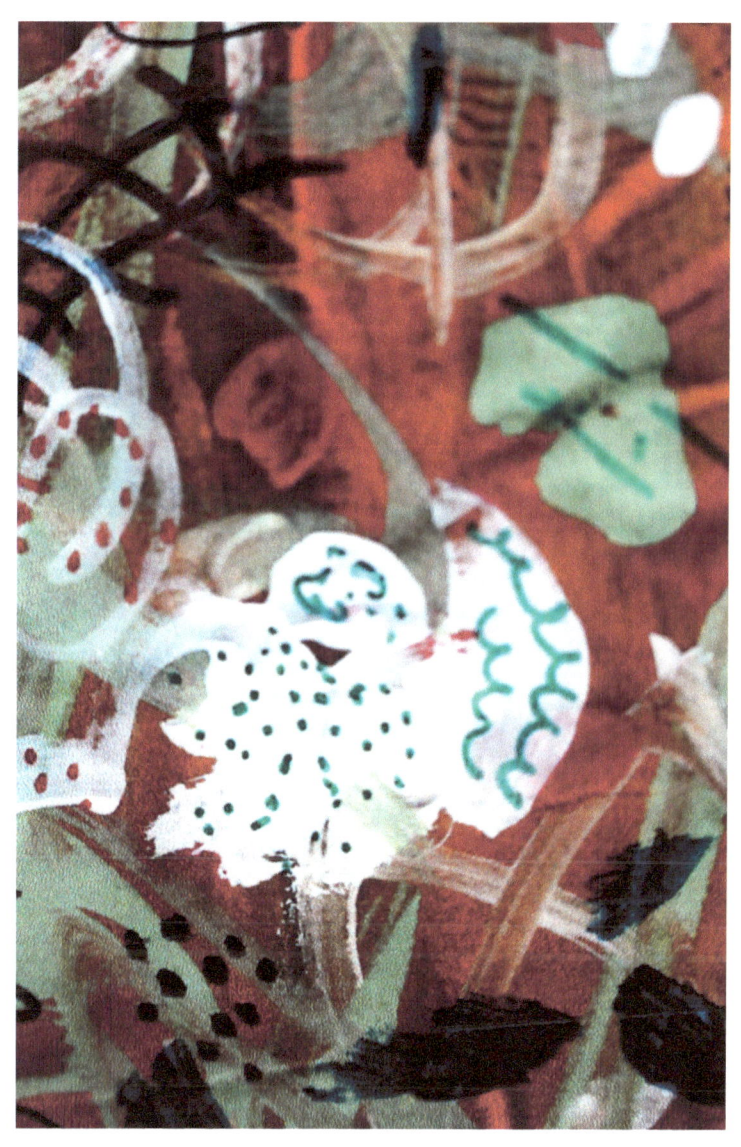

RUMBA DE PLUMAS

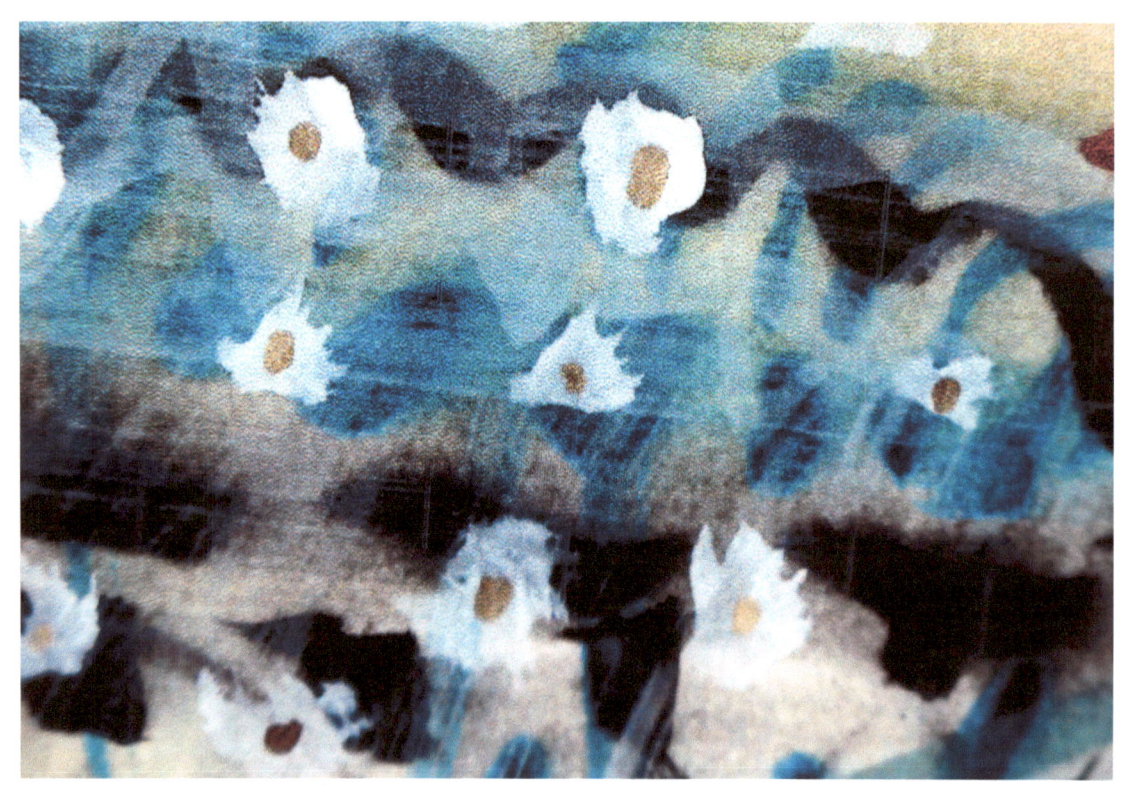

GAVIOTAS & MARGARITAS EN LA PLAYA

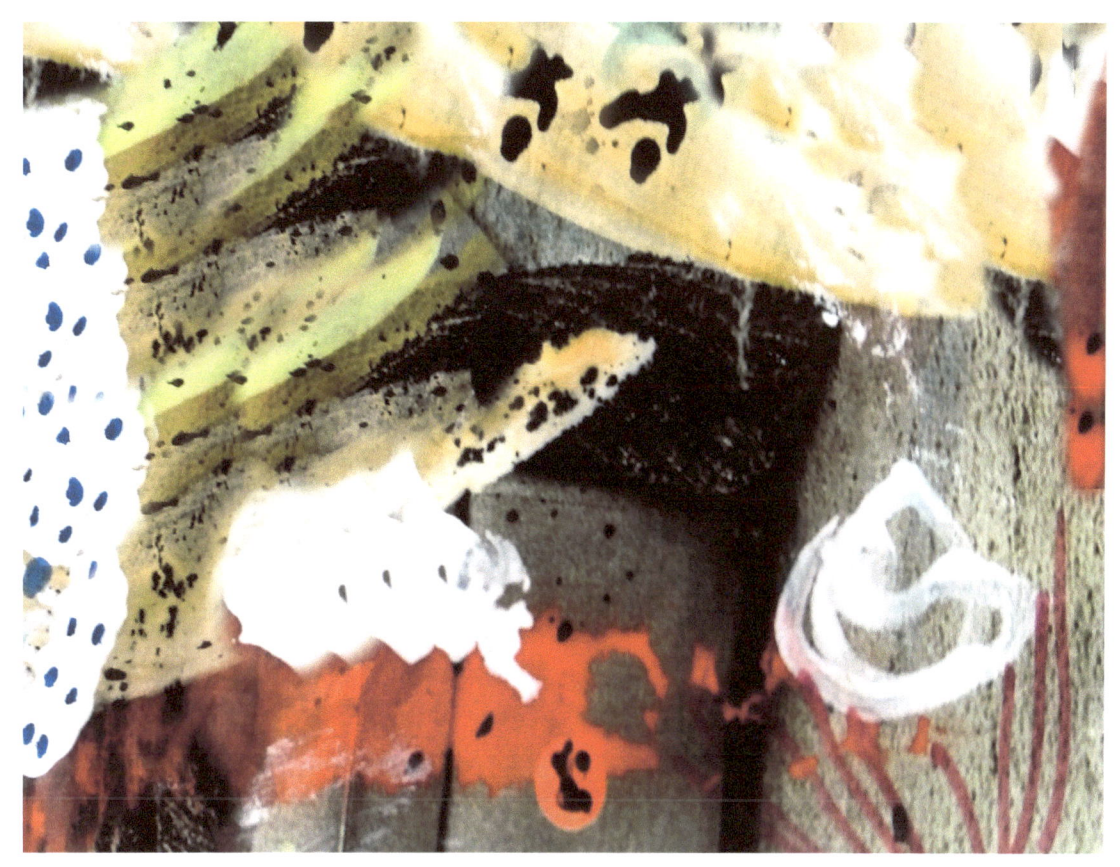

OJOS

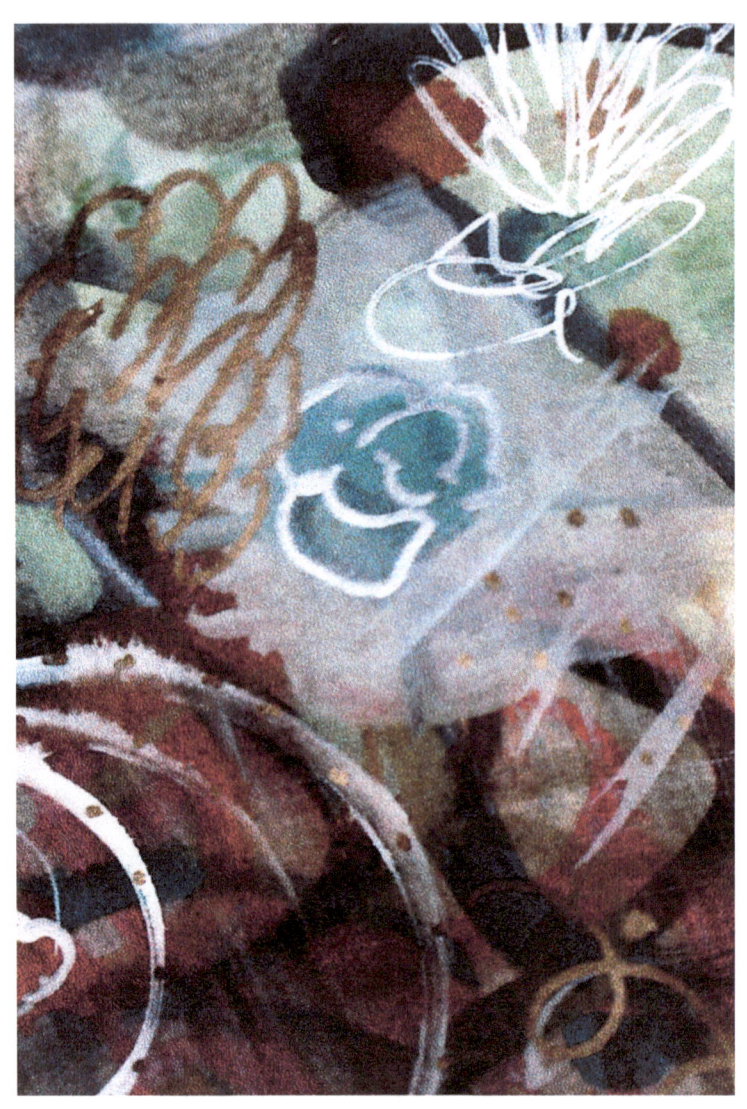

FLOR ALADA

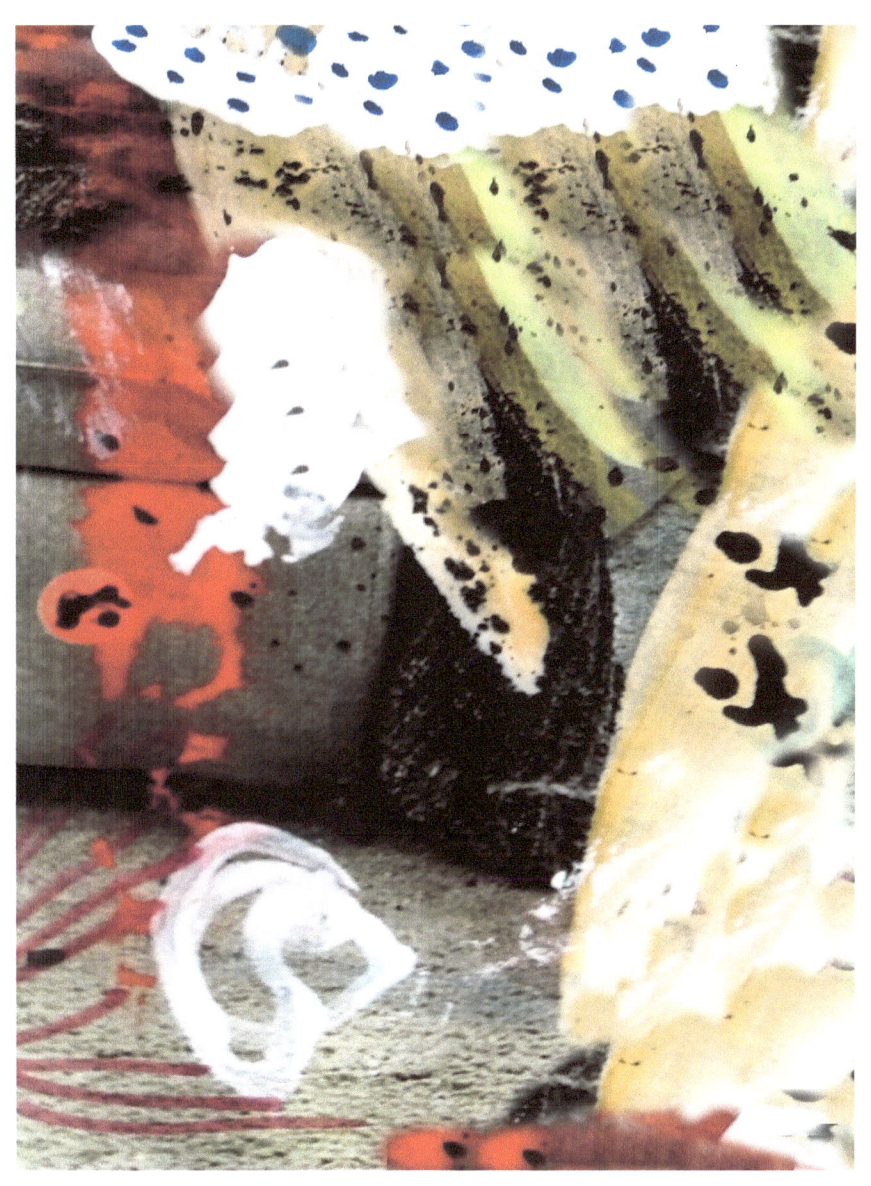

FUERA DEL SILLÓN

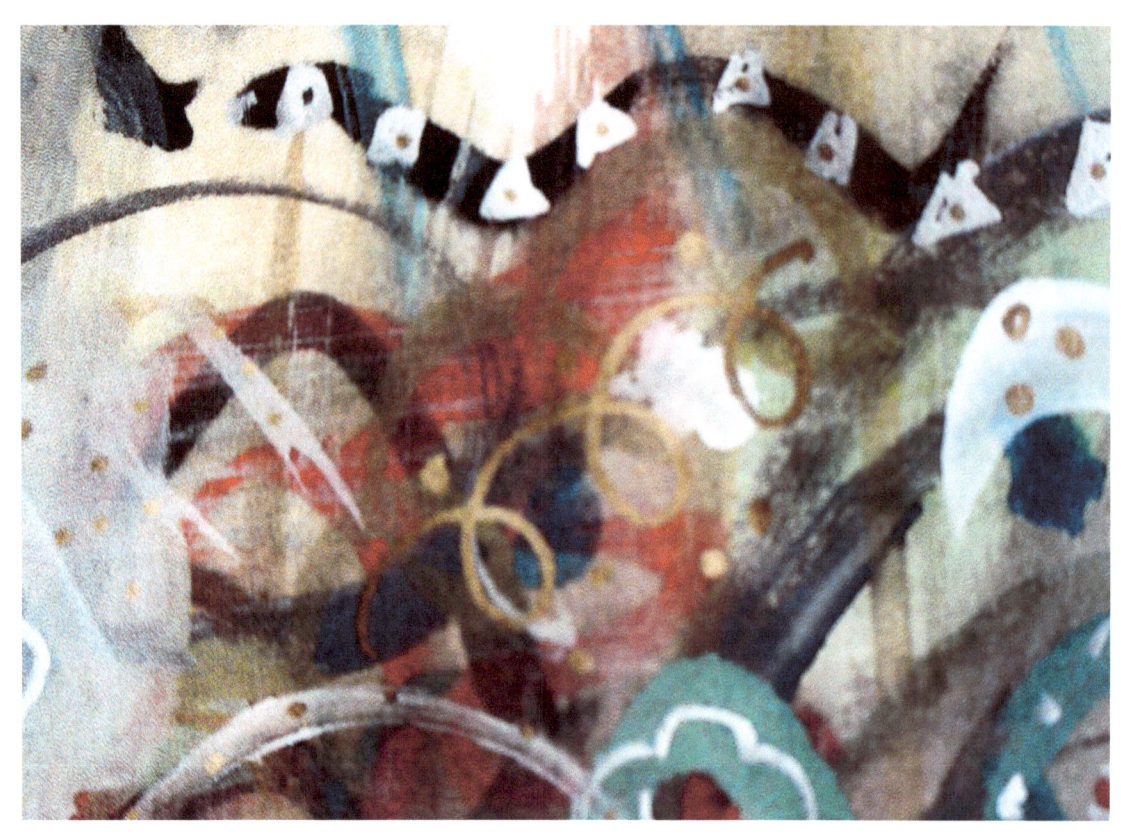

CORRE QUE TE PILLO

Cómo ves la mente es maravillosa, misteriosamente versátil y flexible.

Quizás en unos días, cuando vuelvas a retomar "El pequeño libro del universo abstracto", encontrarás significados muy distintos.

Y es que... Nuestra mente crea infinitas realidades y escenarios con la información visual que recibimos.

No podemos obviar la influencia del momento por el que atraviesa nuestra vida, lo que ya hemos vivido o lo que proyectamos a futuro, por ello los significados que podamos dar a las imágenes pueden variar sustancialmente de observarlas hoy y volverlo hacer mañana.

Todo ello está influyendo, impactando y conectando con el corazón para transformar lo que vemos y encontrar un sentido a lo que se muestra ante nuestros ojos.

Sin buscar más sentido a lo que vemos, sin duda, observar ya es alimento para la imaginación y porqué no decirlo, en cierto modo, una mirada a nuestro complejo mundo interior pues interpretamos a partir de lo aprendido, vivido o visto anteriormente consciente o inconscientemente.

MARIAN MUÑOZ
DISEÑADORA GRÁFICA

Datos de contacto

Correo
brandingesencial@gmail.com
pedidosbrandingesencial@gmail.com

🌐 web
www.brandingesencial.com

Sígueme en
hastag: #brandingesencial

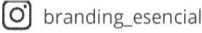 branding_esencial   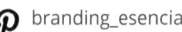 branding_esencial

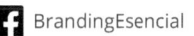 BrandingEsencial   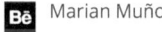 Marian Muñoz

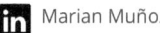 Marian Muñoz

www.ingramcontent.com/pod-product-compliance
Lightning Source LLC
Chambersburg PA
CBHW051218220526
45473CB00003B/1088